GIS　YU　CHENGSHI　DASHUJU

普通高等学校"十四五"规划公共管理卓越人才培养新形态精品教材

GIS与城市大数据

主　编　◎何青松
副主编　◎吴　超　饶映雪

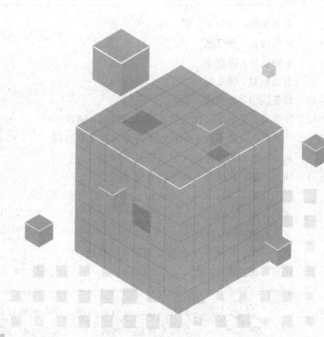

华中科技大学出版社
http://press.hust.edu.cn
中国·武汉

内 容 提 要

本书是一本针对公共管理专业学生编写的教材，旨在教授地理信息系统（GIS）技术及其在城市大数据领域的应用。全书共分九章，系统介绍了 GIS 的基础知识、空间数据分析方法，并通过实际案例展示了 GIS 技术在城市规划、环境监测等方面的应用。书中内容强调理论与实践的结合，旨在培养学生的空间数据理解和处理能力，提升解决实际问题的能力。

本书内容通俗易懂，适合作为高校公共管理专业本科生和研究生的教材，同时也可供 GIS 技术爱好者参考。

图书在版编目（CIP）数据

GIS 与城市大数据/何青松主编. -- 武汉：华中科技大学出版社，2024.7. --（普通高等学校"十四五"规划公共管理卓越人才培养新形态精品教材）. -- ISBN 978-7-5772-1034-6

Ⅰ. C912.81

中国国家版本馆 CIP 数据核字第 20248QQ274 号

GIS 与城市大数据
GIS yu Chengshi Dashuju

何青松　主编

策划编辑：	周晓方　钱　坤　宋　焱
责任编辑：	余晓亮
封面设计：	廖亚萍
责任校对：	张汇娟
责任监印：	周治超
出版发行：	华中科技大学出版社（中国·武汉）　　电话：(027) 81321913
	武汉市东湖新技术开发区华工科技园　　邮编：430223
录　　排：	华中科技大学出版社美编室
印　　刷：	武汉开心印印刷有限公司
开　　本：	787mm×1092mm　1/16
印　　张：	13.25
字　　数：	308 千字
版　　次：	2024 年 7 月第 1 版第 1 次印刷
定　　价：	58.00 元

本书若有印装质量问题，请向出版社营销中心调换
全国免费服务热线：400-6679-118　竭诚为您服务
版权所有　侵权必究

前言

　　随着全球城市化的飞速发展，数据在城市环境中呈现出前所未有的增长速度。这些数据不仅数量巨大，而且种类繁多，它们来自城市的各个角落，涉及人口动态、交通流动、环境变化、基础设施布局等诸多方面。这些数据背后所隐藏的信息和洞察力，对于城市的规划、管理和持续发展具有不可估量的价值。但是，面对如此庞大和复杂的数据集，如何有效地提取出有价值的信息，并进一步将这些信息转化为实际的行动指南，以推动城市健康、有序发展，这无疑给城市管理者和决策者带来巨大的压力和挑战。

　　在党的二十大报告中，习近平总书记强调，要加快建设数字中国，推进数字经济健康发展，推动数字经济和实体经济深度融合，打造具有国际竞争力的数字产业集群。这为我们利用大数据促进城市发展指明了方向。在这里，GIS 技术的作用就显得尤为重要。GIS 即地理信息系统，它是一个集地图制作、数据库管理及空间分析等多种功能于一体的先进技术系统。GIS 的强大之处在于它能够将各种地理相关的数据进行整合、分析和可视化，从而为决策者提供一个全面而准确的地理环境画像。通过 GIS 的帮助，城市决策者可以在制定政策和发展规划时，充分利用详细的地理信息数据。这些数据不仅可以帮助他们更好地理解城市地理环境的特点和规律，而且能够揭示不同地理因素之间的内在联系和影响机制。有了这些基于地理信息的深入洞察，决策者就有可能做出更加科学、更加合理的决策，从而推动城市的可持续发展。

　　在 2024 年的全国两会上，国务院政府工作报告提出，要加快实施国家大数据战略，建设数字中国。这为我们深化大数据在城市治理中的应用提供了政策支持和指导。利用 GIS 等技术手段，挖掘和利用城市大数据的潜在价值，对于建设新型智慧城市、提升城市治理能力具有重要意义。不仅如此，GIS 还可以通过空间分析功能，预测和模拟不同政策和规划方案可能产生的地理影响。这种基于地理信息的预测和模拟能力，使得决策者可以在实施政策或规划之前，对其潜在的效果和影响进行评估和调整。这无疑大大提高了决策的科学性和准确性，减少了决策失误的风险和成本。此外，GIS 还可以通过其强大的地图制作和可视化功能，将复杂的地理信息以直观、易懂的图形和图像形式展现出来。这种基于地理信息的可视化表达方式，不仅可以提高决策者对地理信息的感知和理解能力，而且可以增进公众对城市发展和管理工作的认识和支持。这对于推动城市的民主决策和公众参与具有重要的意义。

在党的二十大报告中，习近平总书记强调，发展是党执政兴国的第一要务。坚持以人民为中心的发展思想，着力解决发展不平衡不充分问题，不断满足人民日益增长的美好生活需要。利用 GIS 等技术，充分挖掘城市大数据的潜力，对于推动城市高质量发展，增进民生福祉具有重要意义。

在国外，许多高等教育机构已经将 GIS 课程纳入公共管理本科生的课程体系中。这些课程设计的目的在于深化学生对 GIS 的基本概念和技术的理解，并使他们能够在未来的职业生涯中熟练运用这一重要工具。在我国，尽管 GIS 技术的应用日益广泛，专为公共管理本科生量身定制的 GIS 教材却相对稀缺，尤其是涉及城市大数据应用的教材更是凤毛麟角。目前，我国开设 GIS 课程的高校主要集中在理工类院校，这些学校因其教育背景和专业设置而在 GIS 技术教学方面具有显著优势。然而，对于以文科生为主的公共事业管理专业学生来说，他们的知识结构和学习能力与 GIS 的学习要求往往存在不匹配的情况。虽然文科生可能对 GIS 有一定的基础了解，但在实际应用中常常面临挑战，因为他们缺乏既符合自身知识背景，又紧密结合公共管理学科特点的专用 GIS 教材。

在党的二十大报告中，习近平总书记强调，教育、科技、人才是全面建设社会主义现代化国家的基础性、战略性支撑。我们要坚持教育优先发展、科技自立自强、人才引领驱动，加快建设教育强国、科技强国、人才强国。编写《GIS 与城市大数据》教材，正是贯彻落实二十大精神的具体举措，对于培养高素质公共管理人才，提升国家治理能力具有重要意义。

因此，本教材的编写初衷正是为了弥补这一教育资源的空白。我们希望通过此教材，为公共管理专业的学生提供一套系统、实用的学习工具，帮助他们更好地掌握和应用 GIS 技术，从而在未来的职业生涯中更加自信地面对城市大数据的挑战。

本教材充分理解和尊重文科生的知识结构和接受能力。首先，文科生的思维方式往往更注重逻辑推理和批判性思考，因此在编写教材时，不能仅仅依赖理论知识的灌输，而应该通过实例等方式，引导他们理解并掌握 GIS 的基本概念和应用方法。同时，教材的语言表述也应该尽可能地通俗易懂，避免使用过于专业的术语。其次，教材还需要符合公共管理学科的特征。公共管理是一门涉及政策制定、项目管理、公共服务等多个方面的学科，因此，不仅要教授学生如何使用 GIS 技术进行城市大数据收集、分析和可视化，还要让他们了解如何在实际工作中应用这些技术，以解决具体问题。

　　本教材的主要目标读者是国内的高校公共事业管理专业本科生和研究生。我们深知，对于这些学生来说，他们需要的不仅仅是理论知识的灌输，更需要能够将理论知识应用到实际中去的实践机会。因此，我们在编写教材过程中，特别注重理论与实践的结合，尽量避免过于复杂的软件二次开发和编程环节。我们希望通过这种方式，降低 GIS 理论方面的传授难度，让学生在学习过程中更加轻松愉快。本书中所涉及的 GIS 软件地图严格遵守国家相关法律法规，采用已通过审核的地图［审图号：GS（2020）4619 号］作为制作素材，确保内容的合法性、规范性和权威性。我们希望学生能够在学习 GIS 的过程中，不仅能够掌握理论知识，而且能够培养出独立思考和解决问题的能力。通过系统地学习和实践，读者将能够熟练运用 GIS 技术解决实际问题，提升自己的专业素养和竞争力。无论是从事地理科学研究的学者，还是从事公共管理工作的从业者，都能从本教材中获得有益的知识和经验。同时，本教材提供了一个全面了解和学习 GIS 的平台，适合广大 GIS 爱好者和学生群体使用。

　　在编写本教材的过程中，我们得到了许多专家和同行的帮助和支持。他们用专业的知识和丰富的经验，为我们提供了宝贵的指导和建议。他们的支持不仅帮助我们提高了教材的质量，还使我们对 GIS 的理解更加深入。在此，向他们表示衷心的感谢。同时，我们也期待广大读者对本教材提出宝贵的意见和建议，我们深知，没有任何教材是完美的，我们也在不断地学习和进步。因此，我们希望听到读者的声音，了解他们对教材的看法和建议，以便不断完善和改进。我们相信，只有通过广泛的反馈和交流，才能更好地满足读者的需求，提供更优质的教学资源。最后，我们希望本教材能成为广大 GIS 爱好者和公共管理工作者的有益参考书，能够帮助更多的人了解和掌握 GIS 技术并推动地理信息产业的发展，能够为公共管理水平的提高做出贡献。我们相信，GIS 技术在公共管理中的应用将会越来越广泛，它的价值也将得到更多的认可并被重视。

目录

第一章 绪论 / 001
第一节 数据角色的转变：辅助要素到驱动决策 / 001
第二节 大数据环境下公共管理研究趋势与挑战 / 003
第三节 GIS 是大数据环境下应对公共管理新趋势与新挑战的重要工具 / 004
第四节 本教材结构 / 004
第五节 本教材课时计划 / 005
第六节 学习重难点 / 006

第二章 GIS 概论 / 009
第一节 地理数据与地理信息 / 009
第二节 GIS 的概念 / 012
第三节 GIS 的组成 / 015
第四节 GIS 的功能 / 017
第五节 GIS 的核心问题 / 018
第六节 GIS 软件平台 / 019

第三章 GIS 中的数据 / 030
第一节 空间数据 / 030
第二节 数据类型 / 037
第三节 ArcGIS 中的数据格式 / 046

第四章 城市大数据 / 052
第一节 大数据概念 / 053
第二节 城市大数据 / 056
第三节 常用城市大数据 / 057

第五章　GIS 基础空间分析 / 075
第一节　空间分析概念 / 075
第二节　缓冲区分析 / 080
第三节　叠置分析 / 091

第六章　GIS 基础空间统计 / 116
第一节　描述性统计分析 / 116
第二节　空间自相关分析 / 120
第三节　空间关系建模 / 130

第七章　数据可视化 / 139
第一节　数据可视化的发展历程 / 139
第二节　数据地图符号化 / 139
第三节　专题数据地图制作 / 146

第八章　GIS 在城市大数据分析中的应用案例 / 177
第一节　基于土地利用数据的城市扩张模式识别及汇总统计 / 177
第二节　基于 LandScan 侦测中国建设用地的收缩格局 / 181
第三节　基于多源大数据的飞地式扩张区域城市功能发育水平评价 / 186

第九章　总结与展望 / 194

参考文献 / 197

第一章

绪 论

在本章中，我们将探讨大数据环境下数据角色的深刻转变。随着技术的进步，数据已经从单纯的辅助工具，转变为制定决策的核心驱动力，这一变革对公共管理研究产生了深远的影响。新的数据环境下，公共管理不仅面临数据量激增的挑战，而且要应对数据类型多样化、处理速度加快等多方面的新趋势。在这样的背景下，地理信息系统（GIS）技术的潜力得以凸显，它能够在空间维度上提供独特的数据分析和可视化工具，帮助公共管理者更好地理解和应对复杂的数据挑战。最后，我们对本教材的特点和结构进行概括性介绍，以帮助读者更好地利用本教材。

■ 第一节 数据角色的转变：辅助要素到驱动决策

随着数据科学的飞速发展和我们全面迈入大数据时代，政府机构和政策制定者的决策过程正在经历一场前所未有的深刻转型与变革。这一变革标志着一个全新的决策时代的到来，它彻底颠覆了传统的决策模式和思维方式。

在过去，决策者在制定政策和策略时，主要依赖他们的个人经验和直觉，以及当时可获取的有限数据资料。这种决策方式在一定历史时期和特定环境下，确实起到了一定的作用，能够在一定程度上反映实际情况，并引导政策的制定和实施。然而，这种决策方式的局限性也是显而易见的。首先，由于信息的不完整性，决策者可能只掌握了部分事实和情况，缺乏对全局和深层次问题的全面了解，这可能导致他们在制定政策时忽视了一些重要的因素和影响，从而使得政策无法有效地解决实际问题。其次，个人经验和直觉往往带有主观性，受到决策者个人背景、价值观和偏好的影响，这种主观性可能导致决策过程中出现偏见和误解，使得政策偏向于满足某些特定群体的需求，而忽视了其他群体的利益。再次，由于认知限制的存在，决策者可能无法准确理解和预测复杂的系统动态和长期效应。他们可能会过度简化问题，或者过于依赖已知的模式和理论，而忽视了新的趋势和变化。最后，不确定性是决策过程中不可避免的一部分。过去的决策方式往往难以应对快速变化和高度不确定的环境，在这样的环境中，依赖经验和有限数据的决策方式可能导致决策结果的偏差和无效，无法适应不断变化的社会经济形势。

随着大数据时代的到来，人们开始寻求更为科学、精准和高效的决策方式。通过收集和分析大量的数据，决策者可以获得更为全面、客观和实时的信息基础，减小决策过程中的主观性和不确定性，增大决策的准确性和有效性。数据已经从过去的辅助决策的角色转变为驱动决策的核心动力。它为我们提供了一个前所未有的、客观、准确且实时的信息基础，使得决策过程更加科学、精准和高效。例如，在 2014 年西非埃博拉病毒疫情暴发期间，传统的方法在早期预警和快速响应上显得力不从心；然而，通过利用大数据，决策过程得到了显著改善。首先，社交媒体数据被用于实时监测公众对疫情的反应和情绪变化，这为公共卫生官员提供了关于疫情发展趋势和公众意识的重要信息。通过分析这些数据，决策者能够更早地发现疫情的潜在热点地区，并针对性地开展宣传教育和预防措施。其次，移动通信数据被用来追踪人口流动和社交接触模式。通过对这些数据的分析，研究人员能够精确地描绘出病毒的传播路径和风险区域，从而指导资源的合理分配和隔离策略的制定。此外，电子健康记录和实验室检测数据被整合起来，用于预测疫情的发展趋势和评估不同干预措施的效果。这些数据提供了客观、准确且实时的信息基础，使得决策过程更加科学、精准和高效。通过这些大数据的应用，公共卫生决策者能够更快地识别和应对疫情威胁，制定更为精准和有效的防控策略。这不仅有助于减弱疾病的传播和影响，也增强了公众对公共卫生系统的信任和满意度。

大数据驱动决策的角色不仅在公共卫生领域展现出显著的价值和影响力，实际上，它的应用已经广泛渗透到了各行各业，几乎无处不在地改变着决策的制定和执行方式。随着技术的进步和数据量的持续增长，大数据将在更多领域发挥核心作用，驱动更为科学、精准和高效的决策过程，推动社会经济的可持续发展和改善人类的生活。

专栏 1.1

数据驱动决策案例：杭州市"城市大脑"智慧交通管理系统

杭州市是国内最早开始探索大数据驱动城市管理的城市之一。2016 年，杭州市政府与阿里巴巴合作，启动了"城市大脑"项目，旨在利用大数据技术提升城市管理的智能化水平。其中，智慧交通管理是"城市大脑"的重要应用场景。

在"城市大脑"的交通管理系统中，整个城市被视为一个神经网络，道路网络就像神经元，而车辆就像神经递质。通过在全市范围内部署大量的视频监控、雷达、车辆感知器等设备，系统可以实时采集海量的交通数据，包括路面车流量、车速、拥堵指数等。这些数据被传输到"城市大脑"的运算平台，经过大数据分析和机器学习算法的处理，转化为对交通状态的全面感知和精准预测。

基于这些数据分析结果,"城市大脑"可以动态调整交通信号灯的配时方案,让绿灯时间与车流量实时匹配,缓解交通拥堵。当系统预测到某路段将出现拥堵时,它会自动向上游路段的可变情报板发送预警信息,引导车辆提前绕行,从而达到交通分流的目的。此外,系统还可以优化公交车和救护车的行驶路线,确保其在拥堵路段享有优先通行权。

通过"城市大脑"智慧交通管理系统的运行,杭州市的交通拥堵状况得到了显著改善。数据显示,在系统上线运行的一年内,杭州市主城区交通拥堵指数下降了15%,平均车速提高了3.5公里/小时,交通事故数量减少了17%。这些变化不仅提高了城市交通的运行效率,而且为市民带来了更加舒适便捷的出行体验。

这个案例生动展示了大数据技术在城市交通管理中的巨大潜力。通过对海量交通数据的实时采集、分析和应用,交通管理部门可以更加精准、动态地感知交通状况,优化交通资源配置,从而实现交通流的智能调控。这种大数据驱动的决策模式,正在为城市交通管理带来一场深刻的变革,推动城市交通向更加智能、高效、可持续的方向发展。

第二节 大数据环境下公共管理研究趋势与挑战

近年来,公共管理的研究趋势呈现出规范化、定量化和可视化的特点。规范化意味着研究过程需要遵循一定的学术规范和标准,确保研究的科学性和严谨性。这包括明确的研究问题、合理的研究设计、规范的数据收集和分析方法等。定量化则是公共管理研究在数据分析方面的重要趋势。随着大数据时代的到来,公共管理面临海量的数据资源。通过运用统计学、计量经济学等定量分析方法,研究者能够深入挖掘这些数据背后的信息,揭示公共事务的内在规律和影响因素。可视化作为一种新兴的数据展示技术,在公共管理研究中也发挥着越来越重要的作用。通过将复杂的数据和信息以图形、图像等直观形式展现出来,可视化技术能够帮助研究者更好地理解和解释数据,同时也使得研究结果更易被公众理解和接受。可视化技术的应用不仅丰富了公共管理研究的方法手段,还提高了研究成果的传播效率和影响力。

随着大数据时代的来临,公共管理领域面临前所未有的挑战。海量的数据资源、多样化的数据来源和高速的数据更新速度,都为公共管理研究和实践带来了巨大压力。突出表现在以下方面。

(1) 数据整合与处理。大数据时代,公共管理领域需要处理的数据量巨大,来源多样,格式各异。如何有效地整合和处理这些数据,提取有价值的信息,是公共管理面临的首要挑战。

（2）数据分析与决策。在大数据背景下，传统的数据分析方法和决策模型可能难以应对，需要新的分析方法和决策支持系统，以更好地利用大数据进行公共管理决策。

（3）公众参与与沟通。大数据时代的公众参与和沟通方式也在发生变化，如何有效地利用大数据和新技术，提高公众参与的广度和深度，增强政府与公众之间的沟通与互动，是公共管理面临的又一挑战。

第三节　GIS 是大数据环境下应对公共管理新趋势与新挑战的重要工具

GIS 作为一种强大的空间信息处理和分析工具，为公共管理研究提供了重要的技术支持。首先，GIS 能够帮助实现公共管理研究的规范化。通过提供标准化的数据格式和处理流程，GIS 确保了空间数据的准确性和一致性，为规范化研究提供了可靠的数据基础。其次，GIS 在定量分析中发挥着关键作用。GIS 不仅能够管理和分析大量的空间数据，还能提供丰富的空间分析功能，如空间自相关、空间插值等，帮助研究者深入探索空间数据中的模式和关系。最后，GIS 的可视化功能对于公共管理研究至关重要。通过地图、图表等直观形式展示研究结果，GIS 增强了研究成果的可读性和影响力，促进了公众对公共管理问题的认知和理解。

在美国，许多知名高校如哈佛大学、斯坦福大学等都在其公共管理课程中融入了 GIS 和大数据元素。例如，哈佛大学肯尼迪政府管理学院作为一个领先的公共政策与公共管理教育机构，认识到 GIS 和大数据在现代城市管理、政策制定和决策分析中的重要性。学院开设了专门针对 GIS 和大数据的课程，如 "GIS 在公共政策中的应用""大数据分析与决策""城市数据科学"等。这些课程涵盖了 GIS 的基础理论、空间数据分析、大数据处理工具（如 Python、R 或 SQL）、数据可视化，以及如何利用这些技术解决实际的政策和管理问题。同时，学校通常设有专门的实验室和研究中心，为学生提供实践机会和研究资源。其中，哈佛大学地理信息中心成立于 1996 年，是哈佛大学的一个重要研究机构，致力于地理信息科学的研究与应用。将地理信息科学应用于社会实践中，为社会发展和决策提供专业的地理信息支持。该中心的研究人员与政府部门、非营利组织和企业合作，应用 GIS 技术解决了许多社会问题，如城市交通规划、自然灾害风险评估、卫生资源调配等。

第四节　本教材结构

在内容组织上，本教材致力于以系统而全面的方式介绍 GIS 的基本概念、技术原理、数据处理方法及其在公共管理领域的应用。全书共分为九章，每章都涵盖了 GIS 的不同方面，包括基本知识、空间数据模型、空间分析方法、空间关系建模以及实际案例应用等。具体地，第一章指出当前数据的角色已经从辅助决策转变为决策的核心驱动力，公共管理面临来自大数据环境的新趋势和挑战，而 GIS 是应对这些挑战的重要工具。第二、三章介绍了 GIS 的基本概念、组成、功能，以及 GIS 中的空间数据类型、数据格式等知识。第四章探讨了城市大数据的概念，列举了常用的城市大数据类型，如 POI 数据、夜间灯光数据、人口分布数据等。第五、六章分别讲解了 GIS 基础的空间分析和空间统计分析方法。第七章围绕数据可视化展开，介绍了不同类型的地图符号设置和专题地图制作方法。第八章给出了三个基于 GIS 分析城市扩张、收缩和功能发育水平的应用案例。第九章是本教材的总结与展望。

通过对这些内容的系统学习，读者不仅能全面掌握 GIS 的基本技能，包括但不限于数据采集、数据处理、数据分析及可视化等多个环节，而且能洞悉 GIS 在城市大数据处理中蕴含的价值及其重要性，例如，提升决策制定的科学精确度、优化城市管理资源分配等关键功能。尤为重要的是，本教材特别强调实践操作与实证教学，借助真实案例与实践活动，旨在有效引导读者逐步积累实际操作经验和强化解决问题的能力，从而使其在未来面对城市大数据分析领域的工作挑战时游刃有余。

全书学习内容
思维导图

■ 第五节 本教材课时计划

本教材旨在指导公共管理专业的学生掌握 GIS 技术在城市大数据分析中的应用。教学计划围绕理论讲授与上机实践两大模块展开，共计 32 个课时，为了便于学生自主学习，教材还提供了配套的 PPT 教学资源可供下载。理论部分涵盖 GIS 基础知识、数据概念、软件平台、城市大数据及其分析方法，旨在建立学生对 GIS 技术全面的认识。上机实践侧重于操作技能的培养，通过 ArcGIS 软件的具体操作，学生能够独立进行数据处理、空间分析和数据可视化，强化理论与实践的结合。整个教学计划注重案例分析与实际操作，以提高学生解决实际问题的能力。

在课程的理论部分，计划通过 16 个课时深入学习 GIS 的基础知识和概念。从 GIS 在城市大数据中的关键作用开始，探讨数据角色的转变和 GIS 在公共管理中的研究趋势。接着，学生将了解 GIS 的定义、发展历史以及地理数据与地理信息的联系。进一步，课程深入讲解 GIS 系统的组成，包括硬件、软件、数据、方法和人员，并探索 GIS 的核心功能及其在不同领域的应用。学生还将学习 GIS 软件平台的选择和使用，特别是 ArcGIS 平台的详细介绍。此外，课程涵盖空间数据的类型、特征和空间关系，以及城市大数据的概念和应用。最后，理论课介绍 GIS 基础空间分析、空间统计分析和数据可视化的基本原理和方法。

在上机课程中，计划通过 16 个课时的实践操作来巩固和应用理论知识。课程从 ArcGIS 软件的基本操作入手，包括界面工具的介绍和地图文档的管理。学生将学习如何导入和导出不同格式的数据，并进行数据格式转换。空间数据处理的技能，如数据编辑、校正和拓扑错误修复，也是上机课的重点。此外，学生通过实际操作来掌握缓冲区分析和叠置分析的应用，并进行空间自相关分析和热点分析。数据可视化技能，包括数据符号化、地图制作和专题数据地图的创建，也将在上机课中得到锻炼。最后，学生通过综合案例分析，如城市扩张模式识别和城市功能发育水平评价，来综合运用所学的 GIS 技能。

■ 第六节　学习重难点

本课程的学习重难点不仅涉及 GIS 的理论知识和技术操作，还包括对城市大数据的分析解读能力和综合应用能力。学生需要通过系统的学习和实践，掌握 GIS 技术在城市大数据分析中的应用，为未来在公共管理领域的职业生涯做好准备。具体而言，学习重难点主要集中在以下方面。

■ 一、GIS 概念与技术原理的理解

学生需要掌握 GIS 的基本概念，包括地理数据与地理信息的区别、GIS 的组成要素以及 GIS 软件平台的功能和应用。理解 GIS 的技术原理，如空间数据的存储、管理、处理和可视化方法，对于后续的学习至关重要。

■ 二、空间数据的处理与管理

空间数据是 GIS 的核心，学生需要学会如何处理和管理空间数据，包括矢量数据和栅格数据的导入、编辑、校正以及拓扑关系的维护。掌握空间数据的特征和空间关系的概念对于进行准确的空间分析至关重要。

■ 三、空间分析方法的应用

课程强调空间分析方法，如缓冲区分析、叠置分析等在解决实际问题中的应用。学生需要理解这些方法的原理，并能够在实际案例中运用这些技术进行空间问题的分析和解决。

■ 四、城市大数据的分析与解读

随着大数据时代的到来，城市大数据的分析成为 GIS 应用的重要方向。学生需要学会如何从海量的城市数据中提取有价值的信息，并能够对这些数据进行描述性统计分析和空间自相关分析，以揭示城市发展的模式和趋势。

五、数据可视化与专题地图制作

数据可视化是将复杂的空间数据以直观的形式展现出来的技术。学生需要掌握如何使用 GIS 软件进行数据符号化、制作专题地图和统计图表，以及如何通过可视化技术有效地传达地理信息。

六、综合案例分析能力

课程的学习难点之一是将所学的 GIS 理论知识和技术应用于综合案例分析中。学生需要能够结合城市大数据，运用 GIS 工具进行实际问题的分析，如城市扩张模式的识别和城市功能发育水平的评价，从而培养跨学科的思维能力和实际操作能力。

本章小结

在大数据环境下，数据的角色经历了深刻的转型和升级，从以往的辅助性工具转变为决策制定过程中的核心驱动力。这一革命性的变化不仅重塑了数据的价值和地位，也对公共管理研究领域产生了深远的影响。

面对大数据的冲击，公共管理研究不得不应对一系列的新挑战。首先，数据量的急剧增长使得传统的数据处理和分析方法显得力不从心。海量的数据不仅包含了丰富的信息，还带来了存储、处理和解读的难题。其次，数据类型的多样化要求公共管理者具备处理和整合不同类型数据的能力，包括结构化数据、非结构化数据以及半结构化数据等。再次，数据处理速度的加快要求公共管理者能够实时或者近实时地进行数据分析和决策，以适应快速变化的环境和需求。

在这样的背景下，GIS 技术的潜力和价值得到了充分的展现。GIS 技术能够在空间维度上提供独特的数据分析和可视化工具，帮助公共管理者从地理位置、空间关系等角度深入理解和解析复杂的数据问题。通过 GIS 技术，公共管理者可以直观地观察和分析数据的空间分布、聚类、关联等特征，从而进行更深层次的洞察和理解。

第一章学习内容思维导图

本教材旨在深入探讨大数据环境下公共管理研究的新趋势和挑战，以及 GIS 技术作为应对这些挑战的重要工具。通过系统的学习和实践，读者能够掌握大数据和 GIS 技术的基本原理和应用方法，提升自身的数据素养和公共管理能力。无论是在政策制定、项目管理、危机应对还是在社区规划等领域，大数据和 GIS 技术都将为公共管理者提供强大的工具支持，助力他们在复杂的数据环境中做出更好的决策和提供更好的服务。

思考题

1. 描述 GIS 技术在当前公共管理领域中的重要性，并举例说明其在城市规划或环境管理等方面的应用。

2. 讨论：在大数据环境下，数据角色的转变为公共管理研究和实践带来的挑战与机遇。

3. 分析 GIS 技术如何帮助决策者在面对复杂数据集时做出更加科学和合理的决策。

4. 阐述 GIS 技术在提高政策制定的科学性和准确性方面的关键作用。

5. 思考并讨论 GIS 技术在促进城市可持续发展方面可能发挥的作用及其潜在的限制因素。

6. 假设你是一个城市规划者，如何利用 GIS 技术应对城市扩张带来的环境和社会问题？

7. 讨论 GIS 技术在增强公众参与和民主决策过程中的潜在价值和在实际操作中面临的挑战。

第二章

GIS 概论

GIS 已经成为当代社会获取、处理和利用地理空间数据的重要技术手段。本章围绕 GIS 的整体设计，系统地介绍 GIS 涉及的基本概念、系统的构成要素、需要解决的核心问题，以及在实现过程中采用的主要技术平台等内容，使读者能够全面把握 GIS 的本质特征、技术架构和发展现状，为后续深入学习和实践应用奠定扎实基础。

第一节 地理数据与地理信息

一、地理数据

数据和信息在计算机科学和日常生活中都扮演着重要的角色，但它们之间存在一些关键的区别。数据是一种未经加工的原始资料，是客观对象的表示，数字、文字、符号、图像等都是数据。

地理数据是数据的一种特殊类型，具有空间和地理属性的特征。它是关于地球上各种地理现象和过程的信息，可以描述地理位置、地形、地貌、自然资源、人口分布、环境状况等。地理数据通常以地理坐标系统为基础，使用经度和纬度等地理坐标来表示地理位置，如某地区的经纬度、海拔、降雨量、温度等。这些数据可以描述该地区的自然特征和环境条件等。

地理数据包括空间位置、属性特征和时态特征三个重要部分。

（1）空间位置。空间位置是地理数据最基础和核心的特征，它描述了地理现象或物体在地球表面的具体定位。这种定位通常是通过地理坐标系统（如经纬度）来实现的，它允许我们精准地确定和表示各种地理要素的位置。空间位置数据可以揭示地理要素之间的关系，如距离、方向等，是 GIS 中进行空间分析和可视化的基础。

（2）属性特征。属性特征是指与地理要素相关的非空间信息，它描述了地理要素的性质、特征和状态。例如，在 GIS 中，一个城市可能被赋予多种属性，如人口数量、经济指标、气候条件等。这些属性数据提供了对地理现象的深入理解和分析的基础，有助于揭示地理要素之间的相互关系和模式。

（3）时态特征。时态特征是指地理数据的时间维度，它描述了地理现象或物体随时间的变化和发展。时态数据记录了地理要素在不同时间点的状态或事件，使我们能够观察和分析地理现象的时间演变和趋势。例如，通过比较不同年份的卫星图像，可以观察到城市扩张、森林变化等地理现象的时间动态。时态特征对于环境监测、灾害预警、城市规划等应用领域至关重要。

地理数据实例——城市公园

假设有一个具体的地理数据集，记录了一个国家内各地级市的城市公园信息。这个数据集包含了空间位置、属性特征和时态特征三个部分。

空间位置：每个城市公园都有一个精确的空间位置，比如某公园 A 位于经度 X°、纬度 Y°，或者以行政区划为基础的地址信息。在 GIS 地图上，这些公园会被可视化为点或面要素，显示其地理位置。

属性特征：公园 A 的属性特征可能包括：占地面积（平方米）、植被种类及覆盖率、设施状况（如健身器材数量、儿童游乐设施、步行道长度等）、建成年份、维护等级等非空间信息。

时态特征：时间维度上，该公园的数据可能记录了过去十年间的变化情况，如 2010 年至 2020 年间每年的人流量统计、公园扩建信息（如新增设施或绿地面积的变化）、季节性开放时间调整、环保项目实施后空气质量指数的变化等。这些时态数据可以帮助我们理解公园如何随城市发展而演进，以及其服务能力和环境影响随时间增加的变化情况。

二、地理信息

信息是用文字、数字、符号、语言、图像等介质来表示事件、事物、现象等的内容、数量或特征，来向人们（或系统）提供关于现实世界新的事实和知识，并作为生产、建设、经营、管理、分析和决策的依据。信息来源于数据，是数据内涵的意义，是数据的内容和解释。

地理信息是信息的一种特殊类型，它是关于地理实体和地理现象的性质、特征和运动状态的表征及所有有用的知识。它与地球表面空间位置数据相关联，是对表达地理特征和地理现象之间关系的地理数据的解释。地理信息除了具备一般信息的基本特征外，还具有区域性、空间层次性和动态性的特点。

（1）区域性。地理信息具有鲜明的地域性。由于地球表面的自然和人文现象在空间分布上是不均匀的，这种区域性特征使得地理信息在各个地区都有其独特的表现和规律。

（2）空间层次性。地理信息在空间上呈现出多层次的特征。这意味着在不同的空间尺度上，地理信息的内容和精度会有所不同。例如，在一个城市范围内，我们可以详细地描述街道、建筑和其他城市要素；而在国家或全球尺度上，我们可能更关注地形、气候和自然资源等宏观特征。

（3）动态性。地理信息是随时间不断变化的。地球表面的自然和人文现象都处在不断的发展和演变中，这要求我们在获取、处理和应用地理信息时，都要考虑其时间维度，捕捉和反映这种动态变化。

三、地理数据与地理信息的区别与联系

地理数据与地理信息之间存在密切的联系，但也有一些区别。首先，地理数据是各种地理特征和现象之间关系的符号化表示，它可以包括空间位置特征、属性特征以及时态特征。这些数据是原始的、未经处理的，用于描述地理要素的数量、质量、分布特征及其规律。相比之下，地理信息是对地理数据的解释和加工，它提取和揭示了地理数据中的含义和关系。地理信息通过对地理数据进行处理、分析和可视化，提供了对地理现象的深入理解，帮助用户理解空间分布、模式和相互关系。地理信息更加关注数据的意义和应用，它可以为决策制定、规划和管理提供有价值的洞察和知识。

专栏 2.2

地理数据与地理信息实例

考虑一个气象站收集的关于全球各地每日气温、湿度和风速的观测数据。这些原始数据可以视为地理数据。① 空间位置：其特定的地理坐标，如经度和纬度，标识了数据采集的具体地点。② 属性特征：每天记录的气温（摄氏度）、湿度（百分比）和风速（米/秒）是该地点特定时刻的属性数据。③ 时态特征：连续多天乃至多年的观测记录构成了时间序列数据，反映了气象参数随时间的变化趋势。

当这些原始地理数据经过整理、分析和解释之后，我们可以得出以下地理信息。

平均气温变化：通过对多年数据的处理，可以发现某个地区的年均气温变化趋势，这可能是气候变化的重要证据。热岛效应：对比城市与周边乡村地区的气温差异，可以揭示城市的热岛效应强度及其时空变化规律，这对于城市规划和环境保护具有重要意义。极端天气关联性：通过数据分析，揭示

高温、高湿和强风之间在特定地理区域和特定季节的关联性，有助于提高天气预报的准确性和应对极端天气的能力。

所以，地理数据本身只是数值、文字或图像等形式的记录，而地理信息则是通过对这些数据进行计算、模型构建、空间分析等手段，提取出具有实际意义的知识，服务于科学研究、政策制定、灾害预警等多个领域。

第二节 GIS 的概念

一、信息系统

系统是由多个相互作用、相互依赖的组成部分有机结合而成的一个整体。这些组成部分之间相互协作、相互影响，共同实现系统的特定功能。系统具有层次性，一个系统可以是另一个更大系统的组成部分。在这个更大的系统中，每个子系统都扮演着特定的角色，发挥着独特的作用。这些子系统之间通过相互作用和信息传递，形成了一个有机的整体。

信息系统是一个特殊类型的系统，它涉及信息的输入、存储、处理、输出和控制。信息系统由人、计算机硬件和软件、通信设备和信息处理方法等多个部分共同构建而成。人负责信息系统的管理和决策，计算机硬件和软件提供信息处理的能力，通信设备则负责信息的传输和交换。这些组成部分相互协作，以处理信息流为目的，形成一个人机一体化的系统。信息系统在现代社会中发挥着越来越重要的作用。它能够为决策过程提供有用的信息，帮助决策者做出科学、合理的决策。同时，信息系统还能够提高组织的运行效率和管理水平，促进知识的共享和创新。

信息系统的三个特性

整体性（holism）：在信息系统中，整体性意味着系统是一个有机的整体，各个组成部分相互依赖、协同工作以实现系统整体的功能和目标。所有组件（如硬件、软件、数据库、网络、用户、规程等）都集成在一起，形成一个完整的信息处理环境。系统并非孤立运作的部件总和，而是这些部件经过有序组织形成的统一整体，确保信息在系统内部流动和处理的过程中保持一致性和高效性。

目的性（purposefulness）：每个信息系统都有明确的设计意图和功能目标，是为了满足特定的业务需求或解决特定问题而创建的。信息系统的目的性体现在它的设计、开发、实施和运维阶段，每个阶段都需要围绕既定目标来进行。系统提供的功能和服务都是为了实现组织的战略目标、提高工作效率、支持决策制定或是改进管理流程。

相关性（relevance）：信息系统内的信息和活动与用户需求、组织战略以及外部环境高度相关。这意味着信息系统不仅要处理与其目标相符的信息，还要随着内外部环境的变化而调整和演化，以保持信息的时效性和有效性。相关性还体现在系统能够捕捉和处理与业务流程、市场动态、法律法规等各方面相关的数据，并通过反馈机制促进系统自身适应性和灵活性的提升。

二、GIS 定义的不同观点

GIS 是信息系统的一种特殊类型，它专门用于处理和分析地理空间数据。然而，在关于 GIS 概念的争论中，出现了不同的理解。这些理解主要涉及 GIS 的定义、功能、应用范围等方面。关于 GIS 的定义，不同学者给出了不同的描述。有些定义强调 GIS 的技术属性，将其视为一种信息技术或计算机系统；有些定义则更加注重 GIS 的综合性，认为它是一个涵盖多个学科和领域的综合系统。这些不同的定义既反映了 GIS 的复杂性和多样性，也体现了人们对 GIS 的不同理解和认识。关于 GIS 的功能，也存在不同的看法。一些学者认为 GIS 的主要功能是存储、管理和显示地理空间数据；而另一些学者认为 GIS 的功能远不止于此，它还能进行空间分析、建模和预测等操作。这些不同的看法反映了 GIS 功能的多样性和可扩展性，说明了 GIS 在不同领域和应用中的不同作用。关于 GIS 的应用范围，也存在不同的观点。有些人认为 GIS 主要应用于地理学、环境科学等领域；而另一些人认为 GIS 的应用范围远远超出了这些领域，它还可以应用于城市规划、交通管理、公共安全等多个领域。这些不同的观点反映了 GIS 应用范围的广泛性和多样性，也说明了 GIS 在不同领域中的不同作用和价值。以下列举 7 种关于 GIS 的定义。

（1）加拿大的 Roger Tomlinson 从数字系统的角度定义了 GIS，他认为，"GIS 是全方位分析和操作地理数据的数字系统"。这个定义突出了 GIS 的数字化特征和强大的地理数据处理能力，GIS 能够利用数字技术对地理数据进行高效、准确的处理和分析。

（2）Michael Goodchild 的定义则更加全面，他把 GIS 定义为"采集、存贮、管理、分析和显示有关地理现象信息的综合系统"。这个定义强调了 GIS 的综合性和系统性，GIS 不仅能够进行数据采集、存储和管理，还能够进行空间分析和可视化表达，为用户提供全面的地理信息服务。

（3）美国学者 Parker 对 GIS 的理解强调了其信息技术属性。他认为，"GIS 是一种存贮、分析和显示空间与非空间数据的信息技术"。这种技术能够处理和操作地理空间数据，同时也能够处理非空间数据，为用户提供空间信息的查询、分析和可视化等功能。GIS 作为信息技术的一部分，为地理空间数据的处理和分析提供了强大的工具。

（4）Burrough 的定义强调了 GIS 作为工具集合的属性，他认为，"GIS 是属于从现实世界中采集、存储、提取、转换和显示空间数据的一组有力的工具"。这个定义突出了 GIS 的实用性和功能性，GIS 提供了一系列强大的工具来处理和分析地理空间数据。

（5）俄罗斯学者的定义与 Burrough 相似，他们也把 GIS 定义为"一种解决各种复杂的地理相关问题，以及具有内部联系的工具集合"。这个定义强调了 GIS 在解决复杂地理问题方面的作用，以及其作为工具集合的属性。

（6）美国联邦数字地图协调委员会（FICCDC）关于 GIS 的定义非常详细，认为"GIS 是由计算机硬件、软件和不同的方法组成的系统，该系统设计用来支持空间数据的采集、管理、处理、分析、建模和显示，以便解决复杂的规划和管理问题"。这个定义全面而准确地描述了 GIS 的组成和功能，突出了其在解决复杂规划和管理问题方面的作用。

（7）陈述彭对 GIS 的定义强调了它作为一个计算机系统的属性以及它在处理海量地理数据方面的通用性。他认为，"GIS 是用于采集、存储、管理、处理、检索、分析和表达地理空间数据的计算机系统，是分析和处理海量地理数据的通用技术"。这个定义突出了 GIS 在处理和分析海量地理数据方面的专业性和通用性。随着地理信息数据的不断增长和复杂化，GIS 能够提供强大的技术支持来处理和分析这些数据，提取出有价值的信息和知识。同时，这个定义也强调了 GIS 在地理空间数据表达方面的能力，即它能够以直观、易懂的方式表达和展示这些数据。

专栏 2.4

国内外 GIS 知名专家学者

Roger Tomlinson：被誉为"地理信息系统之父"，设计并实施了世界上第一个真正的 GIS，对 GIS 领域的创立与发展起到决定性作用。

Michael Goodchild：美国加州大学圣巴巴拉分校地理系的名誉教授，被公认为 GIS 领域的先驱和领军人物。他在空间分析、地理信息科学理论等方面有重要贡献。

陈述彭：中国科学院院士，中国遥感地学的奠基人之一，在中国遥感科学与技术、GIS 技术本土化及应用推广等方面发挥了重要作用。

李德仁：中国科学院院士、中国工程院院士，武汉大学教授，在遥感信息工程、GIS 和数字摄影测量等领域做出了开创性的工作。

三、GIS 的定义

从前文不同学者或机构对 GIS 的定义可以看出，GIS 的定义存在五个方面的观点。

1. 工具箱

GIS 被看作一组强大的计算机软件工具，专门用于采集、存储、管理、处理、分析和显示地理数据。这些工具为地理数据的处理和分析提供了全面的解决方案，使得用户可以更加高效、准确地利用地理数据。

2. 信息系统的特例

除了具有处理地理编码数据的特殊性外，GIS 被认为是一般信息系统的一个特例。这意味着 GIS 具备信息系统的基本特点，如数据的输入、存储、处理、输出等功能，但其独特之处在于能够处理和分析具有地理坐标的数据，从而为用户提供更加丰富的空间信息。

3. 一门技术

GIS 被视为一门技术，主要包括空间和时间数字式数据的输入、存储、操作和输出技术。这些技术涉及计算机科学、地理学、统计学等多个学科的知识和方法，为地理数据的处理和分析提供了强大的技术支持。

4. 学科

GIS 也被认为是一门新兴的交叉学科，它描述了存储、分析和输出空间信息的理论和方法。这个学科涉及多个学科的知识和方法，如地理学、计算机科学、数学等，为 GIS 的研究和发展提供了坚实的理论基础。

5. 社会作用

GIS 被强调为一种能够从根本上改变一个组织或部门（如自然资源部门）运作方式的工具。通过 GIS 的应用，组织或部门可以更加高效地管理和利用地理数据，增强决策的科学性和准确性，从而推动社会的进步和发展。

综合以上各方观点，我们可以得出以下结论：GIS 是以采集、存储、管理、分析和描述整个或部分地球表面（包括大气层在内）和空间与地理分布有关的数据的计算机空间信息系统；这个系统利用了先进的计算机技术和信息技术，为地理数据的处理和分析提供了全面的解决方案，使得用户可以更加高效、准确地利用地理数据。同时，GIS 也涉及多个学科的知识和方法，为它本身的研究和发展提供了坚实的理论基础。

第三节 GIS 的组成

GIS 的组成是一个复杂而完整的系统，它涵盖了硬件、软件、数据、方法和人员等多个方面（图 2.1）。

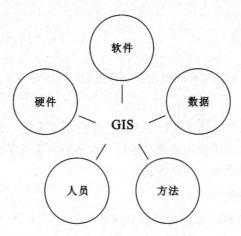

图 2.1　GIS 的基本组成要素

这些组成部分相互协作，共同构成了一个强大的地理信息系统，为地理数据的处理和分析提供了全面的解决方案。

1. 系统硬件

这是 GIS 的物理基础，主要包括计算机和服务器。计算机用于处理和分析数据，而服务器用于存储和管理大量数据。高性能的计算机和服务器能够确保 GIS 的高效运行和数据处理能力。

2. 系统软件

GIS 的系统软件包括应用软件和辅助软件。应用软件是 GIS 的核心，提供地理数据的输入、存储、处理、分析和输出等功能；辅助软件用于支持 GIS 的运行，如操作系统、数据库管理系统等。这些软件为 GIS 提供了强大的功能和灵活性。

3. 空间数据

空间数据是 GIS 的核心内容，主要包括矢量数据和栅格数据。矢量数据以点、线、面的形式表示地理要素，如道路、河流、建筑物等；栅格数据以像素或网格的形式表示地理现象，如照片、卫星影像等。这些空间数据为 GIS 提供了丰富的地理信息，使得用户可以更加深入地了解和分析地理现象。

4. 分析方法

GIS 提供了多种分析方法，包括空间分析、数据分析和数据管理等。空间分析是 GIS 的独特功能之一，它可以对地理数据进行空间关系和空间模式的分析，揭示地理现象的空间分布、空间关联和空间动态等；数据分析用于挖掘地理数据中的有用信息和知识，支持决策制定和问题解决；数据管理则负责地理数据的存储、组织和管理，确保数据的完整性和可用性。

5. 人员

GIS 的人员组成包括系统开发人员、管理人员和使用人员。系统开发人员负责 GIS 的设计和开发，须具备专业的计算机科学和地理学知识，能够开发出高效、稳定的 GIS 系统；管理人员负责 GIS 的运行和维护，须具备专业的信息技术和地理信息管理知识，能够确保 GIS 的正常运行和数据安全；使用人员利用 GIS 进行地理数据的处理和分析，须具备基本的计算机操作和地理信息知识，能够熟练地使用 GIS 完成各项任务。

第四节　GIS 的功能

GIS 可以实现的功能极其丰富和多样化（图 2.2），其在多个领域和应用中展现出强大的潜力和价值。

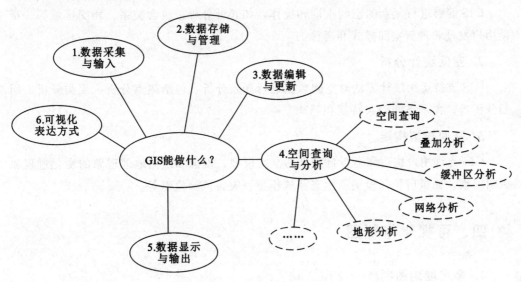

图 2.2　GIS 基本功能

以下是对 GIS 功能的进一步扩展和详细描述。

一、数据采集与编辑

数据采集与编辑既包括图形数据采集，如卫星影像、航空照片、地形图等的数字化，也包括对属性数据进行编辑，如人口统计、环境指标、建筑类型等。

二、数据管理

1. 地理数据库设计与实施

GIS 支持创建和管理结构化的地理数据库，包括空间数据（点、线、面）和非空间属性数据（文本、数值、日期等），并确保数据的质量、完整性和一致性。

2. 数据更新与维护

GIS 提供工具和技术来跟踪和更新地理数据，包括定期的数据更新、错误修正和版本控制，以反映现实世界的动态变化。

3. 数据安全与权限管理

GIS 支持设置用户权限和访问控制，确保敏感的地理信息得到妥善保护和合理使用。

■ 三、空间分析与建模

1. 空间关系查询

GIS 能够进行复杂的空间查询和操作，如邻近分析、包含关系、相交区域等，帮助用户发现和理解空间模式和规律。

2. 空间统计分析

GIS 支持运用统计方法对空间数据进行深入分析，包括热点分析、聚类分析、回归分析等，揭示空间分布特征和趋势。

3. 空间模型构建

GIS 允许用户构建和运行自定义的空间模型，模拟和预测地理现象的变化过程和影响因素，如城市扩张模型、生态系统模型、灾害风险模型等。

■ 四、可视化与制图

1. 多尺度地图制作

GIS 支持生成从全球到局部的各种比例尺的地图，包括专题地图、地形图、网络图、三维地图等，满足不同应用场景的需求。

2. 地图符号化与样式设计

GIS 提供丰富的地图符号库和样式设置工具，使用户能够自定义地图的视觉表现和传达信息的有效性。

3. 动态地图与交互式可视化

GIS 支持实时更新的地图显示和交互式操作，如缩放、平移、查询、测量等，强化用户体验和决策支持能力。

■ 第五节　GIS 的核心问题

GIS 的核心问题涉及位置、条件、变化趋势、模式和模型等多个方面。这些问题构成了 GIS 研究和应用的基础，为地理数据的处理和分析提供了全面的解决方案。通过解决这些问题，GIS 能够帮助我们更好地理解和应对现实世界中的各种地理现象和挑战。

1. 位置（locations）

位置是 GIS 最基本的问题之一，涉及确定和描述地理现象的具体位置。GIS 通过地理坐标系统（如经纬度）来精确标识地球上的每一个位置，使得用户能够准确地定位到某个特定的地点或区域。位置的确定对于 GIS 的其他功能，如空间分析和数据管理等，都至关重要。

2. 条件（conditions）

条件问题关注的是在特定位置或区域内满足某些条件的地理现象。例如，用户可以利用 GIS 查询满足特定环境条件（如温度、降雨量）的地区，或者查找具有特定社会经济特征（如人口密度、收入水平）的区域。通过 GIS 的条件查询功能，用户可以更加深入地了解地理现象的分布和特征。

3. 变化趋势（trends）

GIS 能够识别和分析地理现象的变化趋势，包括已经发生或正在发生的变化。通过对历史数据和实时数据的比较和分析，GIS 可以揭示地理现象在时间序列上的变化规律和趋势。这对于预测未来情况、制定可持续发展策略等具有重要意义。

4. 模式（patterns）

模式问题涉及分析和识别与已经发生或正在发生事件有关的因素。GIS 通过空间分析技术，如聚类分析、空间自相关等，来揭示地理现象之间的空间关系和模式。这些模式可以帮助用户理解地理现象的分布规律、影响因素以及它们之间的相互关系。

5. 模型（models）

模型问题涉及建立新的数据关系以产生解决方案。GIS 通过构建地理模型来模拟和预测地理现象的发展和变化。这些模型可以是基于物理过程的模型，也可以是基于统计方法的模型，它们能够利用已知的数据和信息来推测未知的情况。GIS 的建模功能为地理问题的解决提供了强大的工具和方法。

第六节　GIS 软件平台

GIS 自诞生以来，经历了漫长而显著的发展历程。从 20 世纪 60 年代第一个 GIS 软件的出现，到中国在 20 世纪 80 年代逐步建立自己的 GIS 研究体系，GIS 技术的演化和应用一直在不断深化和拓宽。至今，GIS 形成了一个丰富多样的软件平台生态系统。这些平台不仅包括传统的桌面应用程序，如 ArcGIS、QGIS 等，还涵盖了基于网络的 GIS 服务平台，如 Google Earth、Mapbox 等，以及移动端的 GIS 应用，如 Collector for ArcGIS、GeoViewer 等。

一、国内外 GIS 平台

（一）国内的主要 GIS 平台

在国内，主要的 GIS 软件平台大多由高校和科研院所开发，这些平台在地理信息处理和应用领域发挥了重要作用。

（1）MapGIS：由中国地质大学开发，该平台在地质领域有广泛的应用，为地质勘查、资源评估和环境监测等提供了强大的技术支持。

（2）SuperMap：由中国超图软件股份有限公司自主研发的大型 GIS 软件平台。它是全球领先的 GIS 技术与服务提供商之一，具有强大的地理信息数据处理、分析、可视化和应用开发能力。

（3）Geo-Union：由北京大学开发，是一个综合性的 GIS 平台，强调空间数据集成和共享，支持多种数据格式和空间分析功能。

（4）GeoStar：由武汉大学研发，该平台在空间数据库管理、空间分析和可视化等方面具有显著特点，广泛应用于城市规划、土地管理等领域。

（5）CityStar：由北京大学开发，专注于城市地理信息的管理和分析，为城市规划、交通管理和环境监测等提供了专业的解决方案。

（6）GeoBeans：由中国科学院遥感与数字地球研究所开发，该平台专注于遥感数据的处理和分析，为地球观测和环境监测等提供了先进的技术支持。

（二）国外的主要 GIS 平台

在国外，主要的 GIS 软件平台多由商业公司开发，这些公司在 GIS 技术的研发和应用上处于全球领先地位。

（1）ArcGIS：由美国的 Esri 公司开发，是全球领先的 GIS 平台之一。它提供了全面的 GIS 功能，包括数据管理、空间分析、地图制作和 3D 可视化等。

（2）QGIS：这是一个开源的 GIS 软件，由全球的开发者社区共同维护和开发。QGIS 提供了丰富的空间数据处理和分析工具，且具有良好的跨平台性能。

（3）MapInfo：由美国的 Pitney Bowes 公司开发，该平台在企业级 GIS 应用中有广泛应用，强调空间分析和数据管理功能。

（4）AutoDesk：虽然主要以 CAD 软件闻名，但其 GIS 产品也在市场上占有一席之地，特别是在基础设施规划和设计领域。

（5）SmallWorld：专注于电信和网络基础设施管理的 GIS 平台，由瑞士的 SmallWorld Systems AG 公司开发。

（6）Intergraph：是美国的 Hexagon AB 公司的一个品牌，其 GIS 产品主要在公共安全、国防和智能网络等领域有广泛应用。

这些国内外的主要 GIS 平台各具特色，针对不同的应用领域和需求提供了丰富的功能和解决方案,推动了GIS技术的发展和应用。随着计算机技术的不断进步和大数据时代的到来,GIS软件平台面临新的挑战和机遇。云计算、人工智能和机器学习等先进技术的引入将进一步增强GIS的分析能力和应用广度。未来,这些平台有望更加智能化,为用户提供更精准的空间分析结果和更高效的决策支持。

构建自主GIS平台的重要性

构建以MapGIS和SuperMap为代表的国产GIS平台,在国家安全领域具有至关重要的意义。

首先,国家安全的核心要素之一,即信息主权与安全。地理信息作为国家战略资源,涉及领土完整、国防安全、经济命脉等多个核心领域。国产GIS平台的研发与应用,使得我国在地理信息采集、处理、分析、应用等全过程实现自主可控,有效防止国外GIS技术可能带来的数据泄露风险,切实保障国家地理信息安全。

其次,国产GIS平台可满足特殊情境下的定制化需求。在国安领域,尤其是军事、反恐、维稳、应急救援等工作场景中,往往需要高度定制化的GIS功能和服务。MapGIS和SuperMap等国产GIS平台具备强大且灵活的空间数据分析能力,能够根据国家安全工作的实际需求进行深度定制,提高决策效率和应对突发事件的能力。

最后,国产GIS平台助力国家安全体系现代化建设。通过整合各类地理信息资源,国产GIS平台可为国安工作提供全面精准的空间信息服务,支撑国家边境管控、重要设施防护、网络空间态势感知等多元应用场景,有力推动国家安全治理体系和能力现代化。

二、ArcGIS平台

在众多GIS平台中,ArcGIS凭借其强大的功能、广泛的适用性和用户友好的界面,成了全球范围内使用较为广泛的GIS软件。无论是在学术研究、政府决策、商业运营还是公众服务等领域,ArcGIS都展现出了其卓越超群的价值和影响力。作为本课程GIS学习的核心和支持平台,ArcGIS扮演着至关重要的角色。

(一)ArcGIS特点

ArcGIS是由美国环境系统研究所(Esri)公司开发的一款全球领先的GIS软件平台。它集数据管理、空间分析、地图制作、地理信息可视化和应用开发等功能于一体，为用户提供了一种强大的工具来处理、理解和解释地球上的各种地理现象和过程。其主要具有以下特点。

（1）强大的功能集。ArcGIS整合了一系列全面而深入的GIS功能，涵盖了从数据获取、管理、分析到可视化和应用开发的所有环节。无论是基础的空间数据处理、高级的空间分析，还是在线和移动GIS应用的构建，ArcGIS都能够提供强大而灵活的工具支持。

（2）广泛的适用性。ArcGIS的应用领域极为广泛，不仅适用于传统的资源管理、城市规划、环境科学等领域，还能够满足新兴领域的需要，如大数据分析、物联网（internet of things，IoT）、人工智能（artificial intelligence，AI）等。这种广泛的适用性使得ArcGIS能够在各种行业和研究领域中发挥关键作用。

（3）友好的用户界面。ArcGIS采用了直观且易于操作的图形用户界面（graphical user interface，GUI），使得用户无须具备专业的编程知识就能够轻松地进行空间数据的管理和分析。同时，ArcGIS还提供了丰富的帮助文档和教程资源，为用户的学习和使用提供了极大的便利。

（4）集成的开发环境。ArcGIS集成了Python和ArcPy脚本语言，为用户提供了一种强大的编程环境，可以实现自动化任务处理、复杂工作流程的定制以及与其他系统的集成。此外，ArcGIS还提供了ModelBuilder等可视化模型构建工具，使得非程序员也能够创建和运行自定义的工作流程。

（5）丰富的数据格式支持。ArcGIS能够处理和转换各种常见的空间数据格式，如Shapefile、GeoDatabase、CAD文件、影像数据、LiDAR数据等，同时还支持云存储和在线数据源的接入，极大地扩展了数据获取和使用的范围。

（6）强大的社区和生态系统。ArcGIS拥有庞大的用户社区和丰富的第三方插件库，用户可以从中获取技术支持、分享经验、获取新的功能扩展，进一步增强了ArcGIS的实用性和创新性。

（7）持续的更新和改进。Esri公司作为ArcGIS的开发者，始终致力于产品的更新和改进，不断引入新的技术和服务，以适应快速变化的GIS技术和市场需求。

专栏 2.6

新一代的ArcGIS Pro平台

ArcGIS Pro平台是在ArcGIS Desktop系列的基础上发展起来的新一代产品，首次正式发布于2015年。它标志着Esri公司的GIS软件从传统的ArcGIS Desktop（主要包括ArcMap、ArcCatalog、ArcScene、ArcGlobe等应用程序）向新一代产品的转型，为用户带来了更多现代化的GIS功能和服务。相较于原有的ArcGIS平台，ArcGIS Pro平台引入了一系列显著的更新与改进。

64位架构：ArcGIS Pro采用了64位架构设计，能够更好地利用现代计算机硬件资源，尤其在处理大型数据集和执行复杂的地理处理任务时，表现出更强的性能和效率。

集成的工作环境：ArcGIS Pro将原本分散在ArcGIS Desktop不同应用程序中的功能整合到单一的应用程序中，用户可以在同一个界面下完成数据管理、制图、分析等多种操作，大大简化了工作流程。

三维功能增强：ArcGIS Pro在三维建模、分析和可视化方面进行了重大升级，提供了无缝的2D和3D一体化环境，使得三维GIS应用更加直观和强大。

用户界面革新：摒弃了ArcMap的传统菜单和工具条界面，转而采用类似Microsoft Office Ribbon界面的设计，提升了用户体验感和工作效率。

多文档界面：支持多项目同时打开，每个项目可以有多个视图，便于用户在不同地图和场景间快速切换和对比。

协同与云集成：ArcGIS Pro加强了与ArcGIS Online和ArcGIS Enterprise的集成，支持云端数据访问、在线协作编辑和实时地图分享。

性能与功能增强：新增或改进了大量功能，如矢量切片、时空立方体分析、任务工作流、与Python的深度融合等，为GIS专业人员提供了更为先进的数据处理和分析手段。

因此，ArcGIS Pro不仅是对原有ArcGIS平台功能的继承和发展，更是对GIS桌面应用未来方向的一次创新探索和实践。

（二）ArcGIS构成

ArcGIS是一个强大的、全方位的GIS软件集，包含了多个专门的应用程序（图2.3），每个应用程序都针对特定的GIS任务进行了优化。

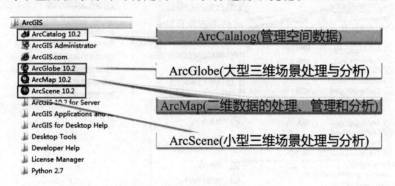

图2.3 ArcGIS软件集构成

（1）ArcCatalog：这是一个用于管理和组织地理数据的工具。通过ArcCatalog，用户可以创建、修改和删除地理数据库，管理数据源连接，浏览、查询和搜索地理信息，以及执行基本的数据处理操作。ArcCatalog提供了一个直观的界面，使得用户轻松地管理和维护复杂的地理信息项目。

(2) ArcMap：这是 ArcGIS 的主要制图和数据分析组件。在 ArcMap 中，用户可以加载、查看、编辑和分析多种类型的地理数据，包括矢量数据（如点、线、面）、栅格数据（如卫星影像和数字高程模型）以及属性数据（如表格和数据库）。ArcMap 提供了丰富的符号库和地图布局工具，使得用户能够创建高质量、专业级别的地图和图表。

(3) ArcGlobe 和 ArcScene：这两个应用程序专注于三维地理空间数据的可视化和分析。ArcGlobe 主要用于显示全球规模的三维地形和地理信息，而 ArcScene 则更侧重于区域或局部的三维场景构建和分析。通过这两个工具，用户可以生成逼真的三维视图，进行立体测量和空间分析，以及制作动态和交互式的三维地图。

本教材重点介绍 ArcCatalog 和 ArcMap 的使用。这两个应用程序是 ArcGIS 中最基础和常用的工具，对于理解和掌握 GIS 的基本原理和技术至关重要。我们将从数据管理、地图制作、空间分析和结果展示等多个方面，逐步引导读者熟悉 ArcCatalog 和 ArcMap 的功能，并通过实际操作和示例练习，帮助读者提升 GIS 技能和应用能力。

1. ArcCatalog

ArcCatalog 应用程序是 ArcGIS for Desktop 套件中的一个核心组件，它为用户提供了一个全面且功能强大的目录窗口环境。这个窗口类似于传统的文件资源管理器，但其专门设计用于组织、管理和检索各类地理信息资源（图 2.4）。

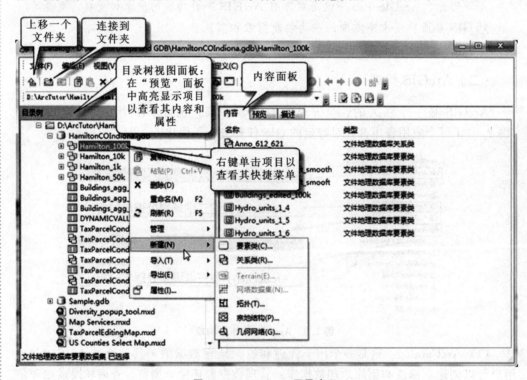

图 2.4 ArcCatalog 目录窗口

在 ArcCatalog 中，用户可以轻松地管理和组织多种类型的地理信息数据（具体数据类型介绍将在第三章详细陈述），包括但不限于以下内容。

(1) 地理数据库。这是一个集中存储和管理地理数据的系统。在地理数据库中,可以存储各种矢量、栅格和表格数据,并对其进行高效的空间查询和分析。

(2) 栅格文件。这些文件通常用于存储卫星遥感、航空影像等地理空间数据。在 ArcCatalog 中,用户可以对栅格数据进行浏览、分析和处理。

(3) 地图文档、Globe 文档、3D Scene 文档和图层文件。这些是 ArcGIS 中用于存储地图、地球模型和 3D 场景的文件格式。用户可以在 ArcCatalog 中打开、编辑和保存这些文档,以进行各种地图制作和可视化工作。

(4) 地理处理工具箱、模型和 Python 脚本。这些是用于自动化地理处理任务的工具和脚本。通过 ArcCatalog,用户可以轻松地创建、管理和运行这些工具,以提高工作效率。

(5) 使用 ArcGIS for Server 发布的 GIS 服务。用户通过 ArcCatalog 可以访问和使用由 ArcGIS for Server 发布的 GIS 服务。这些服务可以提供地图查询、空间分析等功能,帮助用户更好地进行地理信息管理工作。

从 ArcGIS 10.2 开始,ArcCatalog 的部分功能被整合到 ArcMap 中,使得用户可以直接在 ArcMap 环境中进行数据管理操作,而无须频繁地在两个应用程序之间切换。通过 ArcCatalog,用户可以轻松地浏览、搜索、复制、移动、共享和元数据化其地理信息资源。此外,ArcCatalog 还支持高级的功能,如版本控制、数据导入与导出、空间索引构建等,使得地理信息的管理工作更加系统化和专业化。总的来说,ArcCatalog 是一个不可或缺的工具,对于任何使用 ArcGIS 进行地理信息处理和管理的用户来说都至关重要。

2. ArcMap

ArcMap 是 ArcGIS 软件套件中的核心应用程序,它为用户提供了全面且强大的 GIS 功能,不仅能够执行各种常见的 GIS 任务,还能满足专业用户特定的需求。ArcMap 软件界面内容丰富,提供了数据浏览、地图显示、工具箱、目录窗口(ArcCatalog)等多种功能(图 2.5)。

以下是在 ArcMap 中可以进行的一些主要操作。

(1) 采集空间数据。ArcMap 支持从多种源获取和整合空间数据,包括卫星影像、无人机航拍数据、GPS 设备、纸质地图数字化等。用户可以导入、转换和处理这些数据,以满足项目需求。

(2) 编辑和管理空间数据。在 ArcMap 中,用户可以轻松地编辑和管理地理数据库中的要素,包括点、线、面和注记等。可以进行添加、删除、修改几何形状、更新属性信息以及执行拓扑检查等操作(图 2.6)。

(3) 制作地图。ArcMap 是一款强大的地图制作工具,允许用户创建各种类型的地图,如专题地图、参考地图、地形图等。用户可以自定义地图的符号系统、标注样式、比例尺、图例和其他元素,以清晰、准确地传达地理信息。

ArcMap
制作地图

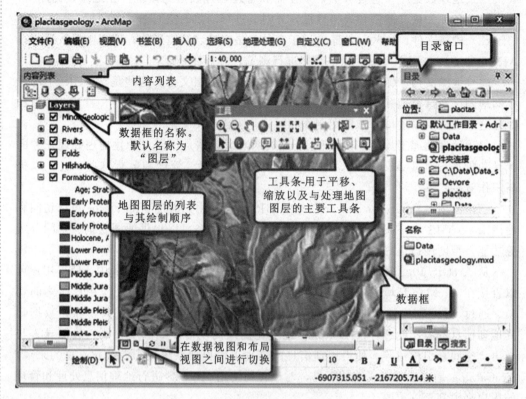

图 2.5　ArcMap 主窗口

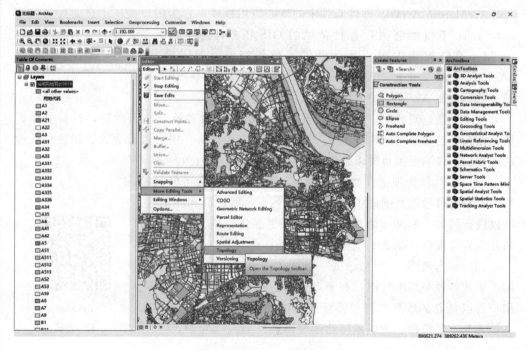

图 2.6　ArcMap 编辑数据

（4）空间分析。ArcMap 内置了一系列空间分析工具，可用于解决各种地理问题和决策支持。这些工具包括邻域分析、网络分析、缓冲区分析、叠加分析、热点分析等，帮助用户揭示空间数据中的模式、关系和趋势。

（5）可视化表达。用户通过 ArcMap 可以将复杂的空间数据转化为易于理解的可视化表达形式，如图表、三维视图、时间序列动画等。这种可视化能力有助于提高数据的解释力和沟通效果。

（6）使用在线地图资源作为底图。ArcMap 支持集成在线地图服务，如 Esri 公司的 ArcGIS Online、开放街图（OpenStreetMap，OSM）、谷歌地图等。用户可以选择这些在线资源作为地图的背景底图，以便于定位、参照和增强地图的视觉效果。

ArcMap 在线地图

专栏 2.7

MapOnline——一款功能强大的 ArcGIS 在线地图插件

MapOnline 是由北京茗禾科技有限公司开发的基于 ArcGIS 的插件工具，它集成了多种在线地图资源，旨在提高 ArcGIS 用户的工作效率。该插件支持加载谷歌地图、高德地图、天地图等多种在线地图资源，并提供了丰富的地图类型选择。此外，MapOnline 还支持在线地图的离线缓存和偏移矫正功能，解决了网络条件不佳和影像偏移等问题。用户可以通过注册"数据禾"网站来使用 MapOnline 插件（https://www.databox.store/Application/details/13），并享受相关免费资源。

在 ArcGIS 中，对数据的各种操作都可以通过特定的工具来实现。这些工具各自有着不同的功能和用途，但它们都紧密地结合在一起，形成了一个完整的工具箱。这个工具箱就如同一个强大的武器库，为用户提供了无尽的探索和工作的可能性，它包含了系统预先设定的 1000 多种工具。这些工具涵盖了数据输入输出、地图制作、空间分析、数据转换等各种功能（图 2.7）。无论是初学者还是专业人士，都可以在这个工具箱中找到适合自己的工具，提高工作效率。但更为强大的是，ArcGIS 还允许用户自定义创建自己的工具。如果你在使用过程中发现某些特定的操作没有被现有的工具覆盖，那么你就可以自己动手，创建一个新的工具。这不仅体现了 ArcGIS 的开放性，也极大地提高了其灵活性

图 2.7　ArcMap 中的工具箱

和实用性。通过自定义工具，用户可以更加专注自己的工作需求，而不需要在众多的预设工具中挑选和妥协。

本章小结

　　本章探讨了 GIS 的基本概念和功能。首先，我们对地理数据和地理信息进行了定义。地理数据是指与地球上各种地理现象和过程相关的空间和属性特征的数据，这些数据通常通过地理坐标系统来精确表示地理位置。而地理信息则是对这些地理数据的解读、处理和提炼，它揭示了隐藏在地理数据中的含义和关联性，使得数据变得更加有意义和有价值。

　　接下来，我们介绍了信息系统的概念。信息系统是由人、计算机硬件和软件等元素组成的复杂网络，其主要功能是处理和管理信息流。在现代社会中，信息系统扮演着至关重要的角色，它能够为决策制定提供有价值的信息，提高组织的运行效率和改善决策质量。

　　随后，我们详细阐述了 GIS 的定义、组成和功能。GIS 是一个综合且复杂的系统，专门用于处理和分析地理空间数据，它包括硬件、软件、数据、方法和人员等多个部分。GIS 的功能十分丰富和多元化，不仅可以存储、管理和展示地理空间数据，还可以进行空间分析、建模和预测等高级操作。

　　在 GIS 领域中，软件平台是开发和应用的基础。目前，国内外存在着多种 GIS 平台，其中 ArcGIS 平台是应用较为广泛的一种。ArcGIS 平台提供了强大的地理信息处理和分析功能，对于学习和研究 GIS 具有重要的意义。

　　本章通过明确地理数据、地理信息和信息系统的定义，为理解 GIS 的基本概念奠定了基础。同时，通过梳理不同学者关于 GIS 的定义和功能的观点，我们看到了 GIS 的多样性和复杂性。最后，我们强调了 ArcGIS 软件平台在 GIS 学习和应用中的重要作用。

　　总的来说，GIS 已经成为现代社会处理地理空间数据不可或缺的工具，它在解决地理问题、支持决策和推动社会发展等方面发挥了极其重要的作用。因此，深入理解和掌握 GIS 的基本概念和功能，对于我们应对和解决现实世界中的地理问题具有重大的实践价值。

第二章学习内容
思维导图

思考题

1. 请说明地理数据的三个重要组成部分，并举例说明它们在实际应用中的作用。
2. 地理信息具有哪些特点？这些特点对 GIS 的设计和应用有何影响？

3. GIS 的组成包括哪些方面？它们之间如何相互协作，共同支撑 GIS 的运行和功能实现？

4. 请详细说明 GIS 的四大功能模块，并结合实际案例，分析每个功能模块在解决地理问题中的作用。

5. GIS 的五个核心问题分别指的是什么？请举例说明它们在实际应用中的意义。

6. 结合你的专业背景和兴趣，请选择一个具体的领域（如城市规划、交通管理、灾害预警等），分析 GIS 技术在其中的应用现状、存在的问题以及可能的改进方向。

7. 在学习了 GIS 概论的相关内容后，请反思 GIS 技术对你未来的学习和职业发展可能产生的影响。你打算如何进一步学习和应用 GIS 技术，以提升自己的专业能力和竞争力？

第三章

GIS 中的数据

在 GIS 中,数据的存在形式多种多样,由系统建立者输入、计算机存储的各类专题图和统计图表、系统软件中的代码以及用户向 GIS 发送的各种指令等都属于数据。究其本质,GIS 的建立和运行就是数据或信息以特定的方式进行流动的过程。由此可见,了解 GIS 中数据信息对于掌握、运用 GIS 至关重要。

GIS 中的数据可划分为空间数据和非空间数据两大类,非空间数据也被称为属性数据,是与空间位置无关的一类数据,这类数据即便脱离了地理位置也有它本身的含义。空间数据与非空间数据性质相反,本章详细介绍空间数据。

■ 第一节　空间数据

GIS 的操作对象是空间数据。因此,空间数据被称为 GIS 的核心,也有人称其为 GIS 的血液。空间数据也被称作几何数据,主要用于表达空间要素的位置、形状、大小等几何层面的信息,是对现实世界中存在的具有定位意义的事物或现象的定量描述。其中,空间要素即 GIS 所抽象、表达的地理事物和现象,包括点状、线状、面状空间要素。换言之,空间数据就是一种用点、线、面以及实体等基本空间数据结构来表示人们赖以生存的自然世界的数据。

■ 一、空间数据类型

空间数据可以按多种方式进行分类,如表 3.1 所示。

表 3.1　空间数据类型

分类依据	数据来源	数据发布形式	数据特征	几何特征	数据结构
类型	地图数据、影像数据、文本数据	数字线画图数据、数字栅格图数据、数字高程模型数据、数字正射影像图数据	空间定位数据、非空间属性数据	点、线、面、曲面、体	矢量数据、栅格数据

（一）按照数据来源分类

按照数据来源进行分类，GIS 中的空间数据可以划分为 3 类。

（1）地图数据。地图数据是为进行数字化地图制图而通过各种渠道和方法采集的数字形式的制图资料，多源于各种类型的普通地图和专题地图，其不但可以表达丰富的内容，还有助于人们直观地认识空间实体之间的空间关系。

（2）影像数据。影像数据是 GIS 中最常用数据源之一，多来源于卫星遥感和航空遥感。

（3）文本数据。文本数据常来源于各类文献资料、调研报告及遥感解译信息等。

（二）按数据发布形式分类

按照数据发布形式进行分类，GIS 中的空间数据可以划分为 4 类。

（1）数字线画图（DLG）数据。这是现有地形图上基础地理要素分层存储的矢量数据集，同时包含空间信息及属性信息，常用于空间分析。

（2）数字栅格图（DRG）数据。这是现有纸质地形图经过数字化扫描、纠正更新等处理后得到的栅格数据文件，一般由 DLG 进行格式转换获得。

（3）数字高程模型（DEM）数据。这是地形表面形态的数字化表达，可用来描述高程、坡度、坡向等地貌因子。

（4）数字正射影像图（DOM）数据。这是以遥感影像或航摄像片为基础，经扫描处理并对像元逐个进行辐射纠正、微分纠正和镶嵌，按国家基本比例尺地形图图幅裁剪而成的数字正射影像数据。

（三）按数据特征分类

按照数据特征进行分类，GIS 中的空间数据可以划分为 2 类。
（1）空间定位数据。空间定位数据是表达地球上空间实体位置的坐标数据。
（2）非空间属性数据。非空间属性数据是有关空间实体的名称、类别、等级、数量、质量等特征的数据。

（四）按数据几何特征分类

按照几何特征进行分类，GIS 中的空间数据可以分为 5 类。
（1）点：对 0 维的空间实体的抽象数据，如灯塔等。

（2）线：对1维线性的空间实体的抽象数据，如行政区划界线、河流、道路等。

（3）面：对2维平面的空间实体的抽象数据，如行政区划、森林等。

（4）曲面：对在面上连续分布的空间实体的抽象数据，经常被称为2.5维的数据，如地形等。

（5）体：对3维的空间实体的抽象数据，如地质构造、矿产等。

（五）按数据结构分类

按照数据结构进行分类，GIS中的空间数据可以分为2类。

（1）矢量数据。通过记录坐标的方式来表达地理实体的空间位置的数据。

（2）栅格数据。以规则的格网来表示空间地物或现象分布的数据。

矢量数据和栅格数据是GIS中的两大数据类型，后续章节将对两者进行详细介绍。

二、空间数据的特征

在GIS中，由于空间数据代表着现实世界地理实体或现象在信息世界中的映射，因而它反映的特征同样包括自然界地理实体向人类传递的基本信息。空间数据包含空间特征、属性特征和时间特征三个基本特征（图3.1）。

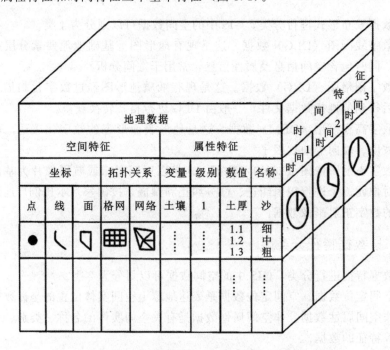

图3.1　空间数据的基本特征（Jack Dangermond，1984）

（一）空间特征

空间特征是地理信息系统或者说空间信息系统所具有的特征，包括地理现象和过程所在的位置、形状和大小等几何特征，以及与相邻地理现象和过程的空间关系，如方位关系、拓扑关系、相邻关系、相似关系等。其中，空间位置可以通过坐标数据来描述，称为定位特征或定位数据；空间关系称为拓扑特征或拓扑数据。

（二）属性特征

属性特征也被称作专题特征，是指地理现象和过程所具有的特性，它是指除了时间和空间特征以外的空间现象的其他特征，常见的有地物的名称、数量、质量、类别、等级等，称为属性数据。

（三）时间特征

时间特征是指一定区域内的地理现象和过程随着时间的变化情况，且实体随时间的变化常具有周期性，称为时态数据。在大多数情况下，时间特征被 GIS 用户处理为属性特征，而有些空间数据由于随时间变化相对较慢，其时间特征也常被忽略。

三、空间关系

充分理解 GIS 所采用的特定的数据结构是正确有效地使用 GIS 的前提。而空间数据结构是对空间要素的空间排列方式和相互关系（主要指空间关系）的抽象描述。为此，掌握空间数据结构是运用 GIS 的基础。

空间关系是指空间要素的位置相互关系。空间关系一般被划分为 3 类：拓扑关系、方向关系和度量关系。

（一）拓扑关系

在 GIS 中，凡是具有网状结构特征的地理要素，例如，行政区划、交通路网以及各种资源类型的空间分布，都存在节点、弧段及多边形之间的拓扑关系。拓扑关系是明确定义空间结构关系的一种数学方法，是指图形在保持连续状态下的变形（缩放、旋转和拉伸等），但图形关系不变的性质。它既可以用于空间数据的编辑和组织，又可以在空间分析和应用中发挥巨大作用。拓扑关系又可以划分为邻接关系、关联关系、包含关系和连通关系 4 类。如图 3.2 所示，节点为 N1、N2、N3、N4、N5、N6，弧段为 A1、A2、A3、A4、A5、A6、A7，多边形为 P1、P2、P3、P4。

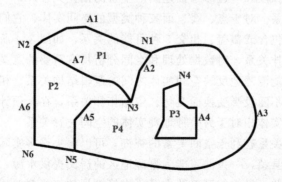

图 3.2　空间数据的拓扑关系

1. 邻接关系

邻接关系是指同类图形要素之间的拓扑关系，如节点与节点，弧段与弧段，面域与面域间的邻接。

(1) 节点/节点邻接：N1/N2，N3…

(2) 弧段/弧段邻接：A1/A2，A6，A7；A2/A1，A3，A5，A7…

(3) 面域/面域邻接：P1/P2，P4；P2/P1，P4；P3/P4；P4/P1，P2，P3…

2. 关联关系

关联关系是指不同类别图形要素之间的拓扑关系，如节点与弧段，弧段与面域，面域与节点。

(1) 节点/弧段关联：N1/A1，A2，A3；N2/A1，A6，A7…

(2) 弧段/面域关联：A1/P1；A2/P1，P4；A3/P4；A4/P3，P4…

(3) 弧段/节点关联：A1/N1，N2；A2/N1，N3；A3/N1，N5…

(4) 面域/弧段关联：P1/A1，A2，A7；…P4/A2，A3，A5…

3. 包含关系

包含关系是指同类但不同级图形要素之间的拓扑关系，只有面类要素才有包含关系。例如 P4 包含 P3 或 P3 包含于 P4。包含关系又可以分为简单包含、多层包含和等价包含 3 种形式。设 ID 表示当前多边形，IW 表示等价包含，IP 表示 ID 为岛（IP＞0）或非岛（IP＜0），则包含关系的形式如图 3.3 所示。

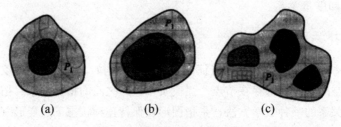

图 3.3 拓扑包含关系的类型

4. 连通关系

连通关系是指空间图形中弧段之间的拓扑关系。如 A1 与 A2 连通，A3 与 A5 连通等。除定义节点、弧段和多边形来描述图形要素的拓扑关系外，不同类型的空间实体间也存在着拓扑关系。对于点、线、面三种类型的空间实体，它们两两之间存在着相离、相邻、重合、包含或覆盖、相交 5 种可能的关系，如图 3.4 所示。

空间数据的拓扑关系，对数据处理和空间分析具有重要的意义。

(1) 拓扑关系能清楚地反映空间实体之间的逻辑结构关系，相比几何坐标关系具有更强的稳定性，不随投影变换而变化。依据拓扑关系，在无须计算距离的情况下就能够确定一种地理实体相对于另一种地理实体的空间位置关系。

(2) 利用拓扑关系有利于空间要素的查询，可以解决许多实际问题。例如，某一公交线路经过哪些县镇，一条河流能为哪些地区的居民提供水源，与某一湖泊邻接的土地利用类型有哪些，供水管网系统中某段水管破裂如何找到关闭它的阀门等，都需要利用拓扑数据。

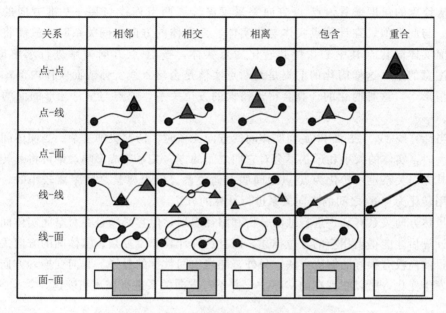

图 3.4 不同类型空间实体间的拓扑关系

（3）可以根据拓扑关系重建地理实体。例如根据弧段构建封闭多边形，实现最佳路径的选择等。

但是拓扑关系建立过程比较复杂，且数据结构本身十分复杂。因此，在 GIS 中保持空间数据的拓扑关系会相应增加系统的数据维护负担，目前有大量的 GIS 系统采用非拓扑数据结构。

（二）方向关系

方向关系也被称为空间顺序关系，是基于空间实体在地理空间的分布情况，利用方向性名词，如上下、左右、前后、东南西北等来描述空间要素的相互位置关系。与拓扑关系的形式化描述类似，也可以按点-点、点-线、点-面、线-线、线-面、面-面等多种组合的方式来研究不同类型空间实体间的方向关系，如图 3.5 所示。

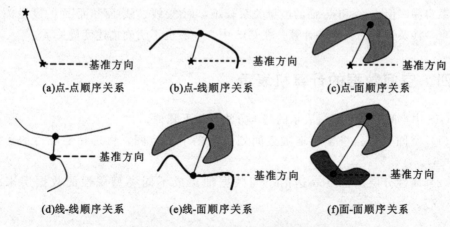

图 3.5 不同类型实体间的顺序关系

从计算的角度来看，点-点方向关系仅需计算两点连线与某一基准方向的夹角即可。与此类似，在计算点实体与线实体、面实体的方向空间关系时，只需将线实体或面实体简化至其中心，将其转化为点实体，按点-点方向关系进行求解即可。需要注意的是，这样简化的前提是判断点实体是否落入线实体或面实体内部；且在很多情形下，这种简化的计算会得出错误的方位关系，如点与呈月牙形的面的方向关系。

当计算线-线、线-面和面-面实体间的方向关系时，情况更加复杂。当实体间的距离很大时，实体的大小和形状不会对它们之间的方向关系造成影响，则可将其转化为点，其方向关系也可转化为点-点之间的方向关系。但当要素之间距离较小时，则无法采用转化为点-点之间的方向关系进行计算的方法。

虽然方向关系有利于进行地图分析和路径规划，但它必须是在对空间实体间方位进行计算后才能得出相应的方位描述，而且这种计算非常复杂。实体间的方向关系的构建目前尚没有很好的解决方法。另外，随着空间数据的投影、几何变换，方向关系也会发生变化，所以在现在的 GIS 中，并不对方向关系进行描述和表达。

（三）度量关系

定量量测区域空间指标和区域地理景观间的空间关系是 GIS 特有的能力。其中区域空间指标包括：几何指标，如位置、距离、面积、形状等；自然地理参数，如坡度、坡向、地表辐照度、地形起伏度、通达性等；经济人文地理指标，如集中指标、差异指数、地理关联系数、人口密度等。度量空间关系主要指空间实体间的距离关系，距离可以根据不同的度量方式进行衡量，如欧氏距离、曼哈顿距离等，并且其理论上可以按照拓扑空间关系中建立点-点、点-线、点-面、线-线、线-面和面-面等不同组合来考察不同类型空间实体间的度量关系。

在地理空间中两点间的距离有两种度量方法：

（1）沿真实的地球表面进行度量，除与两点的地理坐标有关外，还与所通过路径的地形起伏有关，但计算十分复杂。

（2）沿地球旋转椭球体的距离进行度量计算。

与方向关系类似，度量关系中的距离随投影和几何变换而变化，建立点-点的度量关系容易，但点-线和点-面的度量关系较难，而线-线、线-面和面-面的度量关系更为困难，涉及大量的判断和计算。在 GIS 中，一般也不明确描述度量关系。

四、空间数据的计算机表示

GIS 中空间数据计算机表示的基本方法有如下几种。

（1）空间分幅。将整个地理空间划分为多个子空间，再选择要表达的子空间（图 3.6）。

（2）属性分层。将要表达的空间数据抽象成不同类型属性的数据层来表示（图 3.7）。

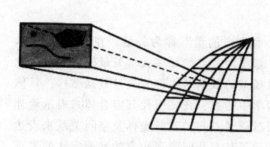

图 3.6 空间分幅

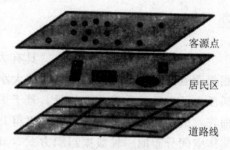

图 3.7 属性分层

（3）时间分段。将有时间特征的地理数据按其变化规律划分为不同的时间段数据，再逐一表示。

以矢量数据结构为例，为了将地理数据存入数据库，首先，按照空间位置对区域进行划分，将其划分为若干个幅面；其次，针对每一个幅面，从逻辑上将空间数据分为不同的专题层，如土地利用、道路、居民点等；最后，将一个专题层的地理要素或实体按照点、线或面状目标存储，每个目标的数据由空间数据和属性数据两部分组成，如图 3.8 所示。目标的空间数据和属性数据可以分别存储，每个目标都具有一个非重复的标识码，且同一目标的空间数据和属性数据可以通过相同的标识码连接起来。

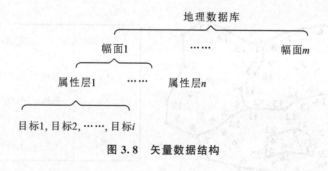

图 3.8 矢量数据结构

第二节 数据类型

数据结构是指数据的组织形式，是适合于计算机存储、管理、处理的数据逻辑的表达。换言之，是指计算机中数据存储和处理的方式。而数据按一定的规律存储在计算机中，是计算机正确处理数据和用户正确理解数据的保证。

空间数据结构是一种用来表达空间数据的数据结构，是对地理实体的空间排列方式和相互关系的抽象描述。在本章第一节中提到：GIS 中的空间数据按数据结构可以划分为矢量数据和栅格数据两大类。本节详细介绍这两类数据及其数据结构。

一、矢量数据

矢量也叫作向量,数学中"具有大小和方向的量"称为矢量。在 GIS 图形中,相邻两点间的弧段长度表示矢量的大小,弧段两端点的顺序表示矢量的方向,因此弧段也可直观地看作一个矢量。基于矢量模型的数据结构称为矢量数据结构。具体而言,矢量数据结构是利用欧几里得几何学中的点、线、面及其组合体来表示地理实体空间分布的一种数据组织方式,其通过记录空间要素的坐标及空间关系来表达空间要素的位置。矢量数据是由点、线和面等基本几何要素构成的地理实体的表示方法。

(一)矢量数据结构的分类

矢量数据结构是利用欧几里得几何学中的点、线、面及其组合体来表示地理实体空间分布的一种数据组织方式。矢量数据结构分为以下几种主要类型。

1. 实体数据结构

如图 3.9 所示,实体数据结构中,数据以基本的空间对象为单元进行单独组织,不含拓扑关系,最为典型的就是面条(spaghetti)结构,如图 3.10 所示。采用这种数据结构的有 ArcView GIS 的 Shape 文件和 MapInfo 的 Tab 文件等。这种数据结构主要有以下特点。

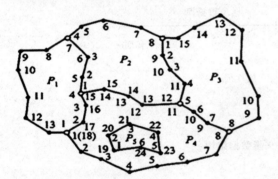

多边形	数据项				
P_1	x_1y_1	x_2y_2	x_3y_3	…	x_1y_1
P_2	x_1y_1	x_2y_2	x_3y_3	…	x_1y_1
⋮	⋮	⋮	⋮		⋮
P_5	x_1y_1	x_2y_2	x_3y_3	…	x_1y_1

图 3.9 实体数据结构

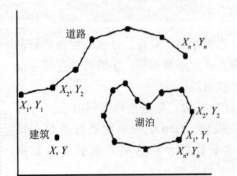

	坐标对序列				
道路	X_1Y_1	X_2,Y_2	……	X_{n-1},Y_{n-1}	X_n,Y_n
湖泊	X_1Y_1	X_2,Y_2		X_n,Y_n	X_1,Y_1

图 3.10 面条结构

(1) 数据按点、线或多边形为单元进行组织，数据结构直观简单。

(2) 每个多边形都以闭合线段存储，多边形的公共边界被数字化两次和存储两次，容易造成数据冗余和产生不一致性。

(3) 点、线和多边形有各自的坐标数据，但没有拓扑数据，彼此不关联。

(4) 岛或洞（图 3.9 中的 P_5 多边形）只作为单个图形，没有与外界多边形联系。

2. 拓扑数据结构

拓扑数据结构主要有对偶独立地图编码法（DIME）、多边形转换器（POLYVRT）、地理编码和参照系统的拓扑集成等几种类型，它们共同的特点是：点是相互独立的，点连成线，线构成面。每条线都始于起始节点，止于终止节点，并与左右多边形相邻接。构成多边形的线又称为弧段，两条以上的弧段相交的点称为节点，由一条弧段组成的多边形称为岛或洞，不含岛的多边形称为简单多边形，含岛的多边形称为复合多边形。在复合多边形中包括有外边界和内边界，岛被看作复合多边形的内边界。拓扑数据结构的基本元素如图 3.11 所示。

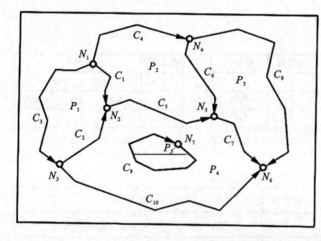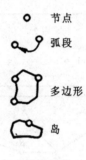

N是节点代码
C是弧段代码
P是多边形代码

图 3.11 拓扑数据结构的基本元素

在这种数据结构中，弧段是数据结构的基本对象。弧段文件由弧段记录组成，每个弧段记录包括弧段标识码、起始节点、终止节点、左多边形和右多边形。节点文件由节点记录组成，包括每个节点的节点标识码、节点坐标及与该节点连接的弧段标识码等。多边形文件由多边形记录组成，包括多边形标识码、组成该多边形的弧段标识码以及相关属性等。以图 3.11 为例，列出拓扑数据结构的弧段文件格式见表 3.2（多边形外围区域用 O 表示）。

表 3.2 拓扑数据结构的弧段文件构成

弧段号	起始节点	终止节点	左多边形	右多边形
C_1	N_1	N_2	P_2	P_1
C_2	N_3	N_2	P_1	P_4
C_3	N_1	N_3	P_1	O
C_4	N_1	N_4	O	P_2

续表

弧段号	起始节点	终止节点	左多边形	右多边形
C_5	N_2	N_5	P_2	P_4
C_6	N_4	N_5	P_3	P_2
C_7	N_5	N_6	P_3	P_4
C_8	N_4	N_6	O	P_3
C_9	N_7	N_7	P_4	P_5
C_{10}	N_3	N_6	P_4	O

（二）矢量数据结构中点、线、面的表达

矢量数据结构是通过坐标值来精确地表示点、线、面等地理实体的，如图 3.12 所示。

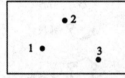

(a) 点实体坐标对存储

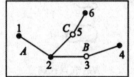

(b) 线实体坐标对存储

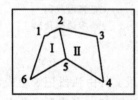

(c) 面实体 x，y 坐标对存储

图 3.12　矢量数据结构中点、线、面的表达

（1）点：空间上不能再分的空间要素，既可以是具体的点，如采样点、独立树等，也可以是抽象的点，如文本位置点或线段网络的节点等，由一对（x，y）坐标表示。地面上的矿点、水井、高程控制水准点等都是点实体。

（2）线：空间上具有一定延伸方向性的线状空间要素，由一系列相连的折点组成，可用均匀或不均匀间隔的顺序坐标链来表示。如溪流和道路、断层、地质体分界线等皆为线状地物。

（3）面：指有封闭边界和面积的空间要素，由一组有序线段包围而成的区域。采用一组首尾位置重合的有序线段表示，例如行政区、矿区、土壤类型等。

（三）矢量数据的获取方式

矢量数据的获取方式通常有以下 3 种。

(1) 由外业测量获得。可利用测量仪器自动记录测量成果（常被称为电子手簿），然后转到地理数据库中。

(2) 由栅格数据转换获得。利用栅格数据矢量化技术（ArcGIS 系统工具箱中的 Conversion Tools），把栅格数据转换为矢量数据。而对于连续分布的属性，如温度数据，可以使用等值线提取的方法将栅格数据转化为矢量数据。

(3) 跟踪数字化。用跟踪数字化的方法，把地图变成离散的矢量数据。

（四）矢量数据的应用

(1) 绘制地图。矢量数据是地图制作中的重要数据类型，可以用来绘制各种类型的地图，如道路地图、土地利用图等。

(2) 空间分析。矢量数据拥有良好的空间可分析性，可以进行缓冲区分析、叠加分析等，在 GIS 分析中应用广泛。

(3) 建立和查询拓扑关系。矢量数据还可以进行拓扑关系的建立和查询，以便进行空间分析和模型构建。

(4) 网络分析。矢量数据可以用来描述道路网络、管道网络等，方便进行网络分析和路径规划。

(5) 地理位置服务。矢量数据也可以应用于互联网和移动终端的地理位置服务，如用矢量数据表示某一地点的精确坐标。

二、栅格数据

栅格数据是最简单最直观的空间数据结构，也被称为网格结构（raster 或 grid cell）或像元结构（pixel）。栅格结构以规则的格网来表示空间地物或现象分布。如图 3.13 所示，每个网格都被视作一个像元或像素，分别用行、列编号来定义，并且每个像元都包含一个表示该像素的属性类型或量值的代码，或是只含有指向其属性记录的指针。因此，栅格结构是以规则的阵列来表示空间地物或现象分布的数据组织，其内部的每个数据表示地物或现象的非几何属性特征。

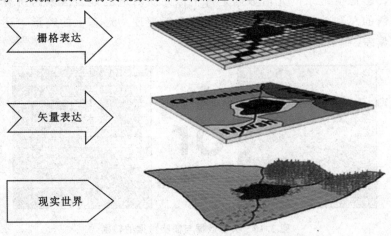

图 3.13 矢量数据结构与栅格数据结构

（一）栅格数据结构

如图 3.14 所示，在栅格数据结构中，点用一个栅格单元表示；线状地物用沿线走向的一组相邻栅格单元表示，每个栅格单元最多只有两个相邻单元在线上且各个网格的值相同；面用记有区域属性的相邻栅格单元的集合表示，每个栅格单元可有多于两个的相邻单元同属一个区域，区域内部的网格值相同，但与其外部的网格值不同。任何以面状分布的对象（土地利用、土壤类型、地势起伏、面状环境污染等），都可以用栅格数据逼近。

0	0	0	0	0	0	0
0	0	0	0	0	0	0
0	0	0	0	1	0	0
0	0	0	0	0	0	0
0	0	0	0	0	0	0

(a)点

0	0	2	0	0	0	0
0	0	2	0	0	0	0
0	0	2	2	2	0	0
0	0	0	0	2	0	0
0	0	0	0	2	0	0

(b)线

0	3	3	3	4	4	4
0	3	3	3	4	4	4
0	0	0	3	4	4	4
5	5	5	5	5	0	0
5	5	5	5	5	0	0

(c)面

图 3.14　点、线、面的格网

栅格数据结构表示的地表是非连续的，是量化的和近似离散的数据。在栅格数据结构中，地理空间被分成相互邻接、规则排列的矩形方块，划分而成的网格一般为正方形，特殊的情况下也可以划分为三角形或菱形、六边形等。如图 3.15 所示，每个地块都对应于一个栅格单元，栅格数据的比例尺就是像元的大小与地表相应单元的大小之比。由于栅格结构对地表的量化，在计算面积、长度、距离、形状等空间指标时，倘若像元所表示的面积较大，则会对长度、面积等的量测有较大的影响，从而导致计算结果产生较大的误差。一般情况下，可以在满足最小多边形精度要求的前提下划分格网大小，使形成的栅格数据不仅能有效地逼近地理实体，还能最大限度地减少数据量。一般在一个栅格的地表范围内，常常存在不止一种地物，而在相应的栅格结构中表示的却通常为一个代码。其与遥感影像的混合像元问题类似，如 Landsat 的 MSS 卫星影像单个像元对应地表 79 米×79 米的矩形区域，影像上记录的光谱数据是每个像元所对应的地表区域内所有地物类型的光谱辐射的总和效果。因而，这种误差不但表现为形态上的畸形，还表现为属性方面的偏差。

图 3.15　矢量数据与栅格数据的转换

笔记

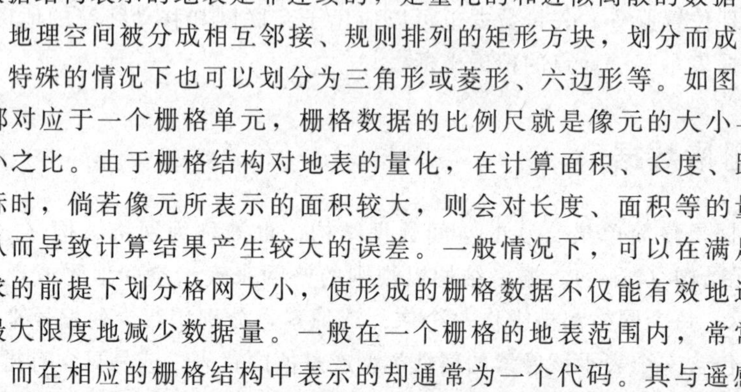

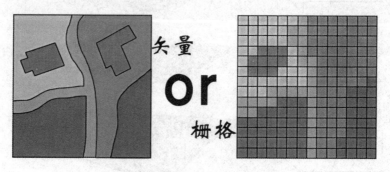

栅格数据记录的是属性数据本身，而位置数据可以由属性数据对应的行列号转换为相应的坐标，栅格数据的阵列方式利于计算机的存储和操作，不仅清晰直观，还易于维护和修改。由于栅格数据的结构简单，定位存储性好，因而在 GIS 中可与影像数据和 DEM 数据进行联合空间分析。

（二）栅格数据的获取及应用

栅格数据的获取方式通常有以下几种。

（1）源于遥感数据。利用遥感技术获得的数字影像就是一种栅格数据。它是遥感传感器在某个特定的时间、对某一区域地面景象的辐射和反射能量的扫描抽样，并按不同的光谱段分光并量化后，以数字记录下来的像素值序列。

（2）源于对图片的扫描。借助扫描仪对地图或其他类型的图件进行扫描，可把图件资料转化为栅格形式的数据。

（3）由矢量数据转换而来。通过运用矢量数据栅格化技术（ArcGIS 系统工具箱中的 Conversion Tools），把矢量数据转换成栅格数据。这种情况通常是为了有利于 GIS 中某些操作，如叠加分析，或者是为了有利于输出。对于连续分布的数据，如高程数据，可以使用插值方法将矢量数据转化为栅格数据。

（4）由手工方法获取。在专题图上均匀划分网格，逐个网格地确定其属性代码的值，最后形成栅格数据文件。为了保证数据的质量，通常采用中心归属法、长度占优法、面积占优法及重要性法等来确定栅格数据中某一像元的代码。

栅格数据适用于描述连续分布的地理现象，常应用于以下几种情形。

（1）地形分析。栅格数据可以用来描述地形高度，方便进行坡度计算、流域分析等地形分析操作。

（2）遥感影像处理。栅格数据可以用来表示遥感影像数据，方便进行图像分类、变化检测等遥感影像处理操作。

（3）气候模拟。栅格数据可以用来描述气温、降雨等气候要素的分布，方便继续进行气候模拟和预测。

三、其他数据结构

（一）矢量、栅格一体化数据结构

1. 矢量与栅格数据结构的对比

栅格数据结构类型具有"属性明显、位置隐含"的特点，它易于实现和操作，便于基于栅格的空间信息模型的分析。如求取某一区域内的多边形面积、线密度等，利用栅格结构可以快速计算出结果，而采用矢量数据结构的计算则比较烦琐复杂；但栅格数据表达精度不高，且数据存储量大，工作效率较低。如要将表达精度提高 1 倍即栅格单元缩减 1/2，需要增加 3 倍的数据量，同时导致数据的冗余增加。因此，对于基于栅格数据结构的应用而言，需要根据应用项目的自身特点及其数据精度要求来合理地平衡栅格数据的表达精度和工作效率两者之间的关系。此外，由于栅格数据结构简单（不经过压缩编码），其数据格式易被大多数程序设计人员和用户理解，基于栅格数据结构的信息共享也较矢量数据更容易。且由于遥感影像本身就是以像元为单位的栅格结构，可以直接将遥感影像应用于栅格结构的GIS中，即栅格数据结构更易于与遥感影像相结合。

矢量数据结构具有"位置明显、属性隐含"的特点，它操作起来比较复杂，许多分析操作（如叠置分析）用矢量数据结构难以实现；但它的数据表达精度较高，数据存储量小，输出图形美观且工作效率较高。矢量、栅格数据结构优缺点对比见表3.3。

表3.3 矢量、栅格数据结构优缺点对比

分类	优点	缺点
矢量数据结构	表示地理数据的精度较高； 数据结构严密，冗余度低； 空间拓扑关系清晰，有利于网络分析、空间查询等； 便于面向实体的数据表达，能够实现图形数据的恢复、更新和综合； 图形输出精确美观	数据结构复杂； 多边形叠置等分析相对困难； 数学模拟比较困难； 软件实现的技术要求比较高； 显示与绘图成本比较高
栅格数据结构	数据结构简单，易于算法实现； 各类空间统计分析易于进行； 有利于遥感数据的匹配应用和分析； 输出方法快速简便，成本低廉	图形数据量大，冗余度高，需要压缩处理； 拓扑关系难以表达； 定位精度比矢量低； 难以建立网络连接关系； 图形数据质量低，地图输出不美观

2. 矢量、栅格一体化数据结构

对于面状地物，矢量数据用边界表达的方法将其定义为多边形的边界和一内部点，多边形的中间区域是空洞。而在基于栅格的GIS中，一般用元子空间充填表达的方法将多边形内任一点都直接与某一个或某一类地物联系。显而易见，后者是一种数据直接表达目标的理想方式。对线状地物，以往人们仅用矢量方法表示。事实上，如果将矢量方法表示的线状地物也用元子空间充填表达，就能将矢量和栅格的概念辩证统一起来，进而发展矢量、栅格一体化的数据结构。假设在对一个线状目标数字化采集时，恰好在路径所经过的栅格内部获得了取样点，这样的取样数据就具有矢量和栅格双重性质。一方面，它保留了矢量的全部性质，以目标为单元直接聚集所有的位置信息，并能建立拓扑关系；另一方面，它建立了栅格与地物的关系，即路径上的任一点都直接与目标建立了联系。

因此，可采用填满线状目标路径和充填面状目标空间的表达方法作为一体化数据结构的基础，每个线状目标除记录原始取样点外，还记录路径所通过的栅格，每个面状地物除记录它的多边形周边以外，还包括中间的面域栅格。无论是点状地物、线状地物还是面状地物均采用面向目标的描述方法。因而它可以完全保持矢量的特性，而元子空间充填表达建立了位置与地物的联系，使之具有栅格的性质，这就是矢栅一体化数据结构的基本概念。从原理上说，这是一种以矢量的方式来组织栅格数据的数据结构。矢量和栅格数据结构各有优缺点，如何充分利用两者的优点，在同一个系统中将两者结合起来，是 GIS 中的一个重要理论与技术问题。为将矢量与栅格数据更加有效地结合与处理，龚建雅研究提出了矢栅一体化结构。这种数据结构中，既具有矢量实体的概念，又具有栅格覆盖的思想。目前，已有部分 GIS 软件先后推出各自的空间数据引擎，初步实现了图形数据与属性的一体化管理。

（二）曲面数据结构

曲面是连续分布现象的覆盖表面，具有这种覆盖表面的要素有地形、降水量、温度和磁场等。表达和存储这些要素的基本要求是必须便于计算连续现象在任一点的数值。常用的表达曲面的方法有两种，一种是不规则三角网（TIN），另一种是规则格网（grid），如图 3.16 所示，图中的数字表示高程。

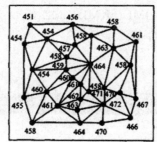
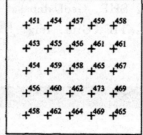

图 3.16　不规则三角网与规则格网表达的曲面（来源于 Esri）

1. TIN 的曲面数据结构

数字地形的三维建模和显示中普遍采用 TIN 曲面数据结构。它将离散分布的实测数据点连成三角网，网中的每个三角形都尽量趋向等边形状，并保证由最近邻的点构成三角形，即三角形的边长之和最小。在所有可能的三角网中，狄洛尼（Delaunay）三角网在地形拟合方面运用较为普遍，常被用于生成 TIN。

狄洛尼三角网中的三角形都可看作一个平面，平面的几何特性完全由三个顶点的空间坐标值 $(x_i, y_i, z_i)(i=1,2,3)$ 所决定，存储的时候，每个三角形分别构成一个记录，每个记录的数据项包括三角形标识码、该三角形的相邻三角形标识码、该三角形的顶点标识码等。顶点的空间坐标值则另外存储，如图 3.17 所示。利用这种相邻三角形信息，方便开展连续分布现象的顺序追踪和查询检索，例如等高线的追踪。此外，该种数据结构可用于地形分析，如提取坡度和坡向信息、进行填挖方计算、分析阴影和地形通视、自动生成等高线和三维显示等。因此，TIN 被广泛应用于各种 GIS。

2. 规则格网的曲面数据结构

规则格网的曲面数据结构类似于矩阵形式的栅格数据，只是其属性值为地面高程或其他连续分布现象的数值。

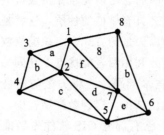

图3.17 不规则三角网及其数据组织

第三节 ArcGIS 中的数据格式

ArcGIS 是一种 GIS 软件,可以用于创建、分析和管理地理数据。ArcGIS 有多种数据格式,其中常见的矢量和栅格数据格式为以下几种。

矢量数据格式:SHP、GeoDatabase、GML、KML/LMZ 等。

栅格数据格式:TIF、Grid、Img、JPG 等。

ArcGIS 主要数据格式后缀名

每种后缀名对应的文件都是 GIS 领域内特定用途和功能的数据存储形式,便于在 ArcGIS 等 GIS 软件中进行读取、处理和分析。

1. 矢量格式

.shp:这是 Shapefile 格式的主要文件,包含空间矢量数据,如点、线、面要素的几何信息。

.gdb 或 .sde:代表 GeoDatabase 数据库文件。.gdb 通常是文件地理数据库(File GeoDatabase),它是一个文件夹,内部包含了多个文件,共同构成一个地理数据库;而 .sde 则指向企业级地理数据库,通过 ArcSDE 技术存放在关系型数据库(如 Oracle、SQL Server)中。

.gml:地理标记语言(geography markup language)文件,这是一种 xml 标准格式,用于存储地理空间信息。

.kml 或 .kmz:keyhole markup language 文件,用于在地球浏览器应用程序中展示地理数据,.kmz 是 .kml 文件的压缩版本。

2. 栅格格式

.tif 或 .tiff:tagged image file format,用于存储栅格图像数据,特别适合地理空间栅格数据,如遥感图像或地形数据,它可以包含地理参考信息以使其能在地图上正确对齐。

.grd 或 .img：Esri grid 格式，Esri 公司的栅格数据格式，用于存储地理配准的栅格数据。

.jpg 或 .jpeg：joint photographic experts group，虽然主要是一种用于图片压缩和传输的格式，但在 GIS 领域也可用于存储栅格地图或影像，但其压缩特性可能导致精度损失，不适合需要精确数值分析的情况，更多用于可视化和 Web 服务。

一、矢量数据格式

（一）Shapefile

Shapefile 是最常见的矢量数据格式，是一种用于存储地理要素的几何位置和属性信息的非拓扑简单格式。所有商业和开源 GIS 软件都支持 Shapefile 格式的数据文件。Shapefile 格式应存储在同一项目工作空间，且使用特定文件扩展名的三个或更多文件中定义地理引用要素的几何和属性，这些文件是：

（1）.shp-用于存储要素空间几何的主文件，为必需文件；
（2）.shx-用于存储要素空间几何的索引文件，为必需文件；
（3）.dbf-用于存储要素属性信息的 dBASE 表，为必需文件。

几何与属性是一对一关系，这种关系基于记录编号。dBASE 文件中的属性记录必须与主文件中的记录采用相同的顺序。

此外，还有 prj、shp.xml、sbn 和 sbx 四种可选文件：prj 存储了坐标系统信息，一般情况下，prj 文件必须是完整的，否则矢量数据的空间位置会发生错误；shp.xml 是对 Shapefile 进行元数据浏览后生成的 xml 元数据文件；sbn 和 sbx 存储的是 Shapefile 的空间索引，它能加速空间数据的读取，这两个文件是在对数据进行操作、浏览或连接后才产生的。

需要注意的是，Shapefile 格式文件最大容量不能超过 2GB。换句话说，一个 Shapefile 文件最多只能储存七千万个点坐标。文件所能存储的几何体的数目取决于单个要素所使用的顶点数目。

（二）GeoDatabase（GDB）

地理数据库（GDB）属于空间数据库，表示地理实体及其特征的数据具有确定的空间坐标，为地理数据提供标准格式、存贮方法和有效的管理，能方便、迅速地进行检索、更新和分析，使所组织的数据达到冗余度最小的要求，为多种应用目的服务。地理数据库又可以分为个人地理数据库（Personal GeoDatabase）和文件地理数据库（File GeoDatabase）。

1. Personal GeoDatabase

Personal GeoDatabase 是可存储、查询和管理空间数据和非空间数据的 Microsoft

Access 数据库,存储在 Access 的 mdb 格式中,用来存储小数据量数据。由于个人数据库存储在 Access 数据库中,因此其最大为 4 GB。此外,一次只有一个用户可以编辑个人地理数据库中的数据。

地理数据库的创建与其他新建矢量图层等是相同的步骤,仅是选择创建对象时有所不同。如图 3.18(a)所示,打开标准工具中的 Catalog 按钮,选中创建的文件夹,单击鼠标右键后点击新建后会弹出可新建的各类要素,即可建立 Personal GeoDatabase。新建 Personal GeoDatabase 后,Access 会建立一些辅助表,这是 ArcGIS 针对 Personal GeoDatabase 的一些元数据表,如图 3.18(b)所示。在新建的 Personal GeoDatabase 中导入一个名为边界的矢量数据后,其会在 Access 中生成多张表,如图 3.18(c)所示。

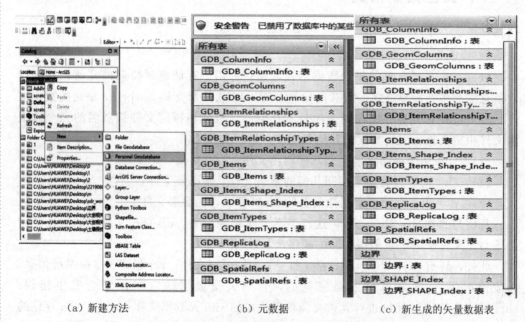

(a)新建方法　　　　　(b)元数据　　　　　(c)新生成的矢量数据表

图 3.18　Personal GeoDatabase

2. File GeoDatabase

File GeoDatabase 是 Esri 公司抛开微软公司 Access 容量限制而开发的 Personal GeoDatabase 存储格式,数据后缀表达为.gdb,整体组织为文件夹,如图 3.19 所示,可以存储、查询和管理空间数据和非空间数据,是专为支持地理数据库的完整信息模型而设计的。在不使用 DBMS 的情况下能够扩展并存储大量数据。File GeoDatabase 可同时由多个用户使用,但每个数据只能由一个用户编辑。因此,一个 File GeoDatabase 可以由多个编辑者访问,但必须编辑不同的数据。

File GeoDatabase 的优点如下:

(1)跨平台,可以支持 Windows、Linux 系统。

(2)支持所有 GeoDatabase 的特征,包括 vector、raster。

(3)海量数据支持,每一个数据集支持 1TB 的数据,原则上取决于存储空间大小,有助于数据的备份和恢复。

名称	修改日期	类型	大小
a00000001.freelist	2023/3/12 18:18	FREELIST 文件	9 KB
a00000001.gdbindexes	2023/2/26 16:56	GDBINDEXES 文件	1 KB
a00000001.gdbtable	2023/3/12 18:18	GDBTABLE 文件	1 KB
a00000001.gdbtablx	2023/3/12 18:18	GDBTABLX 文件	6 KB
a00000001.TablesByName.atx	2023/3/12 18:18	ATX 文件	5 KB
a00000002.gdbtable	2023/2/26 16:56	GDBTABLE 文件	3 KB
a00000002.gdbtablx	2023/2/26 16:56	GDBTABLX 文件	6 KB
a00000003.gdbindexes	2023/2/26 16:56	GDBINDEXES 文件	1 KB
a00000003.gdbtable	2023/3/12 17:02	GDBTABLE 文件	2 KB
a00000003.gdbtablx	2023/3/12 17:02	GDBTABLX 文件	6 KB
a00000004.CatItemsByPhysicalName....	2023/3/12 18:18	ATX 文件	5 KB
a00000004.CatItemsByType.atx	2023/3/12 18:18	ATX 文件	5 KB
a00000004.FDO_UUID.atx	2023/3/12 18:18	ATX 文件	5 KB
a00000004.freelist	2023/3/12 18:18	FREELIST 文件	77 KB
a00000004.gdbindexes	2023/2/26 16:56	GDBINDEXES 文件	1 KB
a00000004.gdbtable	2023/3/12 18:18	GDBTABLE 文件	2,212 KB
a00000004.gdbtablx	2023/3/12 18:18	GDBTABLX 文件	6 KB

图 3.19　File GeoDatabase 的文件结构

（4）支持数据压缩。

File GeoDatabase 非常适合 GIS 工程、个人及在小型组织中使用，在理论上可以替代原来的 Personal GeoDatabase。换言之，对于以前使用的 Personal GeoDatabase，Esri 公司都建议使用 File GeoDatabase。但尽量避免手动修改里面的文件，否则可能损坏整个 File GeoDatabase。

■ 二、栅格数据格式

（一）GeoTIFF

TIF 格式的栅格数据文件已成为 GIS 和卫星遥感应用的行业图像标准文件。TIFF 格式包含其他附件：

（1）TFW 存储 TIFF 文件所处的空间位置信息。

（2）XML 是 GeoTIFF 可选文件，存储元数据。

（3）AUX 存储投影和其他信息。

（4）OVR 存储影像金字塔，用于快速访问和影像显示缩放。

（二）ERDAS Imagine（IMG）

ERDAS Imagine 是由美国 ERDAS 公司开发的一款遥感图像处理系统软件。IMG 文件通常用于栅格数据，以存储单个和多个波段的卫星数据。IMG 文件使用一种 hierarchical format（HFA），该格式是可选的，用于存储有关文件的基本信息。例如，其可以包括文件信息、地面控制点和传感器类型。作为 IMG 文件一部分的每个栅格图层均包含有关其数据值的信息。例如，投影、统计、属性、金字塔以及它是连续还是离散类型的栅格。

（三）Esri Grid

Grid 文件是一种由 Esri 公司开发的专有格式。Grid 文件没有拓展名，而且是一种独一无二的可以存储属性数据的栅格文件格式，但是它只能给 integer 类型的文件添加属性。属性数据存储在 value attribute tables（VAT）网格中每个唯一值的一条记录，其计数表示格网的数量。

Esri Grid 文件可以为 integer（整型）和 floating point（浮点型）。土地覆盖是离散网格的示例。每个类都有一个唯一的整型格网值。高程数据是浮点型网格的示例，每个像元代表一个高程浮点值。

（四）JPG

JPG 为栅格文件提供压缩充分的有损压缩方式，PNG 则是一种无损压缩。JPG 图片文件在存储时被压缩而损失精度，使得图片文件变小，图像分辨率下降，PNG 格式的无损压缩栅格图在存储时不会被压缩而造成精度损失，但是文件较大。

在上述 4 种栅格数据格式中，最典型的无损耗栅格图格式是 TIF。因此，TIF 格式的栅格图是最清晰的，也是提交栅格图时的最佳格式。需要注意的是，ArcGIS 软件在处理文件和文件夹名称时存在一定的限制。尽管 ArcGIS 是一款功能强大且广泛应用的 GIS 软件，但它并不支持完全使用中文字符作为文件或文件夹的名称。这是由软件内部的编码机制和兼容性问题所导致的。

在使用 ArcGIS 进行数据存储和管理时，如果采用全中文的文件或文件夹名称，可能会遇到各种意想不到的问题和错误。例如，软件可能无法正确识别和读取含有全中文名称的文件，导致数据无法正常加载或显示。此外，尝试打开或保存这些文件时，也可能出现乱码、崩溃或其他意外情况。

因此，为了确保数据的顺利操作和管理，强烈建议在使用 ArcGIS 软件时，尽量避免使用全中文的文件或文件夹名称，可以采取以下一些实践策略。

（1）使用英文命名。尽可能使用英文单词或缩写来命名文件和文件夹，这样既可以保证 ArcGIS 的兼容性，也可以提高与其他用户和系统的互操作性。

（2）避免特殊字符。除应避免中文字符外，还应避免在文件和文件夹名称中使用特殊字符，如空格、括号、引号、斜线等，因为这些字符也可能引发软件的识别问题。

（3）保持简短明了。尽量保持文件和文件夹名称的简洁和清晰，避免使用过长或复杂的名称，以减小出错的可能性。

（4）建立统一的命名规则。在团队协作或大型项目中，可以制定一套统一的命名规则和标准，确保所有成员都能遵循相同的命名约定，从而减少混乱和冲突。

本章小结

本章主要介绍了 GIS 中的数据分类与特征。首先，明确了空间数据作为 GIS 操作的核心，它代表现实世界地理实体或现象在信息世界中的映射。空间数据具有三个基本特征：空间特征、属性特征和时间特征。空间特征是 GIS 所特有的，包括地理现象和过程的位置、形状、大小等几何特征，以及与相邻地理现象和过程的空间关系；属性特征是描述地理现象和过程的非空间特征，如名称、类别、等级、数量、质量等；时间特征表示地理现象和过程随时间的变化情况。

在 GIS 中，空间数据可以分为矢量数据和栅格数据两大类。矢量数据通过记录坐标的方式来表达地理实体的空间位置，包括点、线、面等基本要素；栅格数据以规则的格网来表示空间地物或现象分布。这两类数据各有优缺点，矢量数据精度高、数据量小，但难以表达复杂的空间关系；栅格数据虽然表达直观，但数据量大，处理效率低。

第三章学习内容
思维导图

空间数据对于地理信息的表达和应用具有重要意义。在实际应用中，需要综合考虑数据的来源、发布形式、特征和结构等方面，选择合适的数据类型和表达方式，以提高地理信息的应用价值和精度。

思考题

1. 试述空间数据的主要特征及其在 GIS 中的作用。
2. 简述矢量数据和栅格数据的异同点，并分析两者在具体应用中各自的优缺点。
3. 举例说明空间拓扑关系的几种类型，并分析建立空间拓扑关系对 GIS 数据处理和空间分析的重要意义。
4. 结合实例讨论方向关系和度量关系在 GIS 中的表达方式及其面临的难点。
5. 以土地利用数据为例，说明 GIS 中空间数据表示的基本方法，并分析不同表示方法的特点。
6. 对比实体数据结构和拓扑数据结构的差异，讨论它们在矢量数据组织和处理中的优劣。
7. TIN 和格网是两种常见的地形表达模型，请对比分析两者的异同点及其在地形分析中的适用场景。

第四章

城市大数据

随着全球城市化进程的加速，对城市的研究和理解变得越来越重要。与此同时，技术的飞速进步和数据的爆炸式增长，共同塑造了一个全新的数据环境，为定量城市研究提供了前所未有的机会和挑战。特别是在过去的十年中，大数据的概念和实践逐渐普及，大量关于城市运行、社会经济、环境等方面的数据变得容易获取和利用。例如，纽约市开放数据计划就是一个典型的例子，它提供了关于交通、犯罪、健康等多方面的数据集，供公众和研究人员使用。

另外，数据采集手段更加丰富。在地面，随着物联网技术的发展，越来越多的城市基础设施和服务开始配备传感器，以实时监控和记录各种数据。例如，智能交通系统中的传感器可以实时监测交通流量和路况，而环境监测传感器则可以提供关于空气质量、噪声、光照等方面的实时数据。在空中，卫星遥感、无人机航拍和激光雷达等，使得获取高分辨率的地理空间数据成为可能。这些数据为城市规划师和 GIS 专家提供了丰富的信息，帮助他们更精确地理解城市的空间结构和变化。在虚拟空间里，社交媒体和互联网平台的普及，使得大量的用户生成数据（UGC）成为研究城市社会和文化层面的宝贵资源。通过分析这些数据，研究人员可以揭示城市居民的行为模式、情感倾向和社会网络等。

新的数据环境对城市研究产生了深远的影响，推动了定量城市研究领域在多个方面的巨大变化，表现在以下几个方面。

（1）研究范式的转变。传统的城市研究主要依赖于问卷调查、实地观察和统计数据等方法。然而，在新的数据环境下，研究人员可以利用大数据和先进技术进行更为深入和全面的分析，从而实现从描述性研究向预测性和规范性研究转变。

（2）研究领域的扩展。新的数据环境为研究人员提供了更多的研究领域和研究问题。例如，通过分析社交媒体数据，研究人员可以研究城市居民的情感和认知；通过分析交通数据，他们可以研究城市的交通模式和拥堵问题；通过分析环境数据，他们可以研究城市的生态环境和可持续发展等。

（3）研究方法的创新。新的数据环境要求研究人员掌握和处理大量、多样化和复杂的数据，这推动了研究方法在数据处理、分析和可视化等方面的创新。例如，机器学习算法可以帮助研究人员从大量数据中提取有用的信息；网络分析可以帮助他们揭示城市系统中的关联和规律；可视化技术可以帮助他们更好地理解和展示分析结果。

（4）政策和实践的影响。新的数据环境不仅对学术研究产生影响，还对城市政策和实践产生影响。通过分析大数据，政策制定者可以更好地理解城市的运行规律和居民的需求，从而制定更科学的城市规划和管理策略。同时，企业和社会组织也可以利用这些数据来优化其服务和产品，提高城市居民的生活质量。

巨大的数据量、广泛的来源和较高的更新频率，共同构成了城市大数据的显著特征，这不仅标志着信息时代的发展，而且为城市研究与管理领域带来了前所未有的宝贵机遇。在这样的时代背景下，我们有必要深入理解城市大数据核心概念，掌握其基本原理和应用情景，并学会如何利用相关工具实现数据的可视化展示与表达等。

第一节　大数据概念

大数据，也被称为巨量资料，是指那些无法在合理时间内用传统数据处理软件进行收集、存储、处理和分析的数据集。大数据具备典型的"4V"特征（图4.1），分别是 volume（数据量大）、velocity（数据产生速度快）、variety（数据多样性）和 value（数据价值密度低）。这四个特征成为城市大数据区别于传统数据的关键所在，也是城市大数据技术发展的重要驱动力。

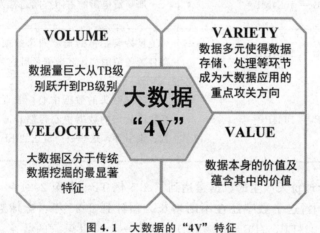

图 4.1　大数据的"4V"特征

一、Volume（数据量大）

大数据的 volume 特征，凸显出数据量的庞大性。这种庞大性，源于现代科技手段的快速进步，导致数据的生成和积累速度远超以往。城市，作为高度信息化的社会缩影，各种传感器、监控设备以及智能交通系统等都在24小时不间断地生成数据。无论是交通流量、环境质量还是社交媒体活跃度，这些数据都以惊人的速度增长，形成了庞大的数据海洋。这种大规模的数据量，超出了传统数据处理工具和方法的范围，需要我们运用更先进的大数据技术来进行分析和处理。正是由于城市大数据的

volume 特征，我们有机会更加全面、深入地了解城市运行的每一个细节，为优化交通布局、改善环境质量、提升公共服务水平等提供科学有力的支撑。

数据量的单位有很多种，表 4.1 列举了一些常用的单位。

表 4.1 数据量的单位、说明及实例

单位	说明	实例
比特（bit）	计算机中最小的数据单位，表示 0 或 1	
字节（byte）	计算机中常用的数据单位，由 8 个比特组成，可以表示 256 种不同的状态	一个 ASCII 字符或数字占用 1 个字节
千字节（KB）	1KB = 1024 bytes	一封普通的文本电子邮件，内容在几百字到一千字之间，通常占用空间在几个 KB 到几十个 KB
兆字节（MB）	1MB = 1024KB	一张普通的 JPEG 格式的照片，分辨率在 1000 万像素左右，通常占用空间在 2~5MB。一首普通的 MP3 格式的歌曲，长度为 3~5 分钟，通常占用空间为 3~10MB
吉字节（GB）	1GB = 1024MB	一部高清电影的占用空间通常为 1~4GB
太字节（TB）	1TB = 1024GB	卫星持续拍摄的地球图像数据，如果分辨率较高且覆盖范围广，其数据量可达到 TB 级别
艾字节（EB）	1EB = 1024PB	互联网巨头的数据中心，像百度、腾讯等大型互联网公司的数据中心存储着海量用户数据、日志、索引等，这些数据量达到 EB 级别

据统计，全球每天产生的数据量达到了 2.5 亿 TB［截至 2021 年，来源：国际数据公司（IDC）］，这个数字还在不断增长。预计到 2025 年，全球数据总量将达到 175ZB（1ZB=1024EB，1PB=1024TB），这是一个难以想象的数字。这些数据包括结构化数据、半结构化数据和非结构化数据，如文本、图片、音频、视频等。大数据的 volume 特征要求我们有效地存储、管理和处理这些海量的数据。

二、Velocity（数据产生速度快）

数据速度是指数据产生、传输和处理的速度。在互联网时代，数据的产生速度非常快，例如，社交媒体上的实时更新、传感器产生的实时数据等。此外，数据传输速度也在不断提高，如光纤通信、5G 通信等技术的发展。大数据的 velocity 特征要求我们实时地获取、分析和处理这些快速变化的数据，以便及时发现有价值的信息和趋势。著名的"1秒定律"是大数据领域对数据处理速度的重要要求，它强调在秒级的时间内给出分析结果。这个速度要求使得大数据处理技术明显区别于传统的数据挖掘技术。例如，在视频网站或应用被打开的瞬间，系统需要在极短的时间内从各种类型的数据中快速获取并展示高价值的信息。

三、Variety（数据多样性）

数据多样性是指数据的种类繁多，包括结构化数据、半结构化数据和非结构化数据。结构化数据是指以关系型数据库形式存储的数据，如表格、记录等；半结构化数据是指具有一定结构但不完全符合关系型数据库规范的数据，如 XML、JSON 等；非结构化数据是指没有固定格式的数据，如文本、图片、音频、视频等。大数据的 variety 特征要求我们处理各种类型的数据，挖掘出其中的价值。

四、Value（数据价值密度低）

大数据的规模巨大，数据来源广泛，导致其中很多数据都是冗余的、无效的或无用的，这些数据会占据大量的存储空间，同时也增加了处理和分析的难度。在大数据中，虽然蕴含的潜在价值巨大，但是需要经过深度挖掘和分析才能得到有价值的信息和知识。例如，交通拥堵成为许多大城市面临的问题之一。为了解决交通拥堵问题，一些城市开始利用大数据和人工智能技术进行智慧交通管理。通过对大量的交通数据进行实时分析，可以预测交通流量、拥堵状况和路况变化等信息，并根据这些信息调整交通信号灯的配时、优化公交线路、引导车辆绕行等，从而实现交通疏导和拥堵缓解。具体来说，城市交通管理部门可以通过各种传感器、GPS 定位、手机信令等数据来源获取大量的交通数据，包括车辆位置、速度、行驶轨迹等。这些数据通常价值密度较低，因为每个数据点只包含有限的信息。然而，通过数据挖掘和分析技术，可以对这些数据进行深度挖掘和模式识别，发现隐藏在数据背后的规律和趋势。通过对历史交通数据进行挖掘，可以发现某些路段在高峰时段的拥堵情况较为严重，而另一些路段则相对畅通。基于这些发现，交通管理部门可以调整交通信号灯的配时，使得拥堵路段的车辆更快速地通过，同时引导车辆绕行到相对畅通的路段，从而缓解交通压力。

专栏 4.1

大数据的其他定义

百度百科对大数据的定义是：大数据（big data），或称巨量资料，指由于容量太大和过于复杂，无法在一定时间内用常规软件对其内容进行抓取、管理、存储、检索、共享、传输和分析的数据集。该定义强调了大数据在处理上的挑战，指出这类数据集因其规模、复杂性以及现有技术处理能力的限制，无法采用常规手段高效地完成从获取到分析整个流程的工作。

维克托·迈尔-舍恩伯格（2012）在《大数据时代》一书中主要从价值大的角度来定义大数据，他认为大数据是当今社会所独有的一种新型的能力：以一种前所未有的方式，通过对海量数据进行分析，获得有巨大价值的产品和服务，或深刻的洞见。

麦肯锡全球研究院（2011）对大数据的定义是从数据集的大体量入手的：大数据是指那些规模大到传统的数据库软件工具已经无法采集、存储、管理和分析的数据集。该定义明确了大数据的技术门槛，指出大数据是规模超出传统数据库软件工具处理能力范围的数据集合，这个定义侧重于数据集本身的大小以及现有技术在应对此类数据时的局限性。

第二节　城市大数据

城市大数据是大数据的一种，是指城市运转过程中产生或获得的数据，以及其与信息采集、处理、利用、交流能力有关的活动要素构成的有机系统，是国民经济和社会发展的重要战略资源（图4.2）。

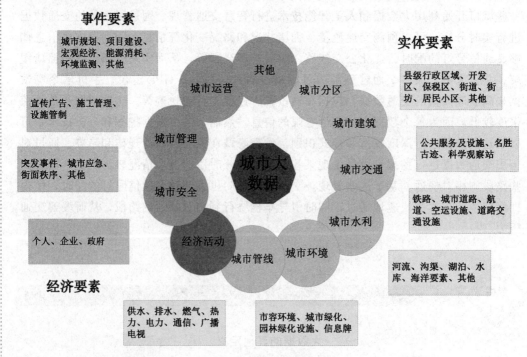

图 4.2　城市大数据体系

城市大数据广泛存在于经济、社会各个领域和部门，是政务、行业、企业等各类数据的总和。城市大数据的主要类型包括以下5种。

(1) 交通大数据。包括交通流量数据、公交和地铁刷卡数据、共享单车使用数据等，用于分析交通拥堵状况、优化交通路线和提高交通效率。

(2) 环境大数据。涉及空气质量、噪声、光照、温度等实时监测数据，为环境保护和治理提供依据。

(3) 社会经济大数据。反映城市的经济活动和社会发展状况，如房价、就业、消费等数据。

(4) 规划与地理空间大数据。主要为高分辨率的卫星遥感影像、无人机航拍数据、GIS 数据等，为城市规划、土地利用和设施分布等研究提供支持。

(5) 人群行为与社交媒体大数据。来源于社交媒体平台、手机信令等数据，揭示城市居民的行为模式、情感倾向和社会网络。

城市产生的数据 80% 以上均直接或间接具备时空属性，这些数据通常具有海量、多源异构、动态多变等特性，并且是在特定的时间和空间背景中产生的，因此这类数据也被称为时空大数据。时空大数据可以提供有关时间、地点和人类活动有价值的信息。随着城市化的快速推进，对于城市社会发展水平的趋势进行准确、深入的研究显得至关重要。时空大数据作为一种新型的数据分析技术，以其独特的时间和空间维度，为我们全面、深入洞察城市社会发展、环境变化等提供了数据基础。

第三节 常用城市大数据

城市大数据的种类繁多，包括交通数据、社会经济数据、环境数据等。为了方便起见，本教材筛选在城市研究中经常使用且容易获取的五种数据，分别是 POI（Point of Interest）数据、夜间灯光数据、人口格网分布数据、矢量道路网数据和 $PM_{2.5}$ 数据，进行详细介绍。

一、POI 数据

POI 数据即兴趣点数据，是指地理位置信息的一种分类，用于描述特定地点或区域的相关数据。POI 数据通常包括地点的名称，如"星巴克咖啡"；经纬度，即地点的地理坐标，用于在地图上精确定位；地址，即地点的详细地址信息，方便用户导航到目的地；类别，即地点所属的分类，如餐饮、购物、旅游等。武汉市教育培训类 POI 空间分布及对应的属性信息见二维码。

武汉市教育培训类 POI 空间分布及对应的属性信息

（一）POI 数据的获取

获取 POI 数据的方式有多种，既可以通过地图平台的 API 接口获取，也可以从数据供应商或者微信公众号等多种途径获取，根据需求选择适合的数据源，并获取所需的 POI 数据。以下列举了 3 种获取 POI 的方式。

1. 规划云 POI 检索数据网站

用户可以通过访问网址 http：//guihuayun.com/poi/，轻松获取兴趣点的坐标列表。在这个网页界面上，用户只需要输入搜索城市和关键词，然后点击搜索按钮，系统就会迅速返回相关的兴趣点坐标信息。例如，在规划云中 POI 检索界面上，以"上海"和"小学"为关键词进行搜索，系统会列出上海市内所有小学的地理位置信息，包括名称、地址和坐标等详细信息。这种基于网页的 POI 搜索方式非常便捷，用户不需要安

规划云中
POI 检索界面

装任何软件或插件，只需要一个支持网络浏览器的设备即可随时随地进行搜索。此外，该工具还提供了直观的地图视图，用户可以在地图上直接查看兴趣点的分布情况，以及进行缩放、拖拽等操作，非常方便实用。

然而，这种方式也存在一些限制。由于该工具是基于网络搜索的，因此搜索结果受到网络覆盖范围和数据来源的限制，可能无法涵盖所有的兴趣点信息。同时，由于该工具只能针对单个类别进行检索，因此无法满足多类别、多关键词的复杂搜索需求。此外，由于该工具获取 POI 数量通常在 2000 以下，对于需要大量数据的空间分析任务来说，可能存在一定的局限性。因此，该工具适合做一些简单的空间分析，比如查询某个区域内特定类型的兴趣点分布情况，或者进行简单的空间可视化等。对于更复杂的空间分析任务，用户可能需要结合其他的数据来源和分析工具来完成。

2. 百度/高德地图

目前国内主流的互联网电子地图服务，如百度和高德等，都提供了基本的 POI 应用服务 API，如 POI 搜索（包含关键字搜索、区域搜索、周边搜索）、地理编码/逆地理编码服务、地址输入智能补全和建议列表服务等，基本能够满足 POI 相关的应用需求，并且具有和官方基本一致的时效性。以通过百度地图的 API 服务检索北京市内所有的咖啡馆 POI 为例，以下展示了基本的检索步骤。

（1）首先，我们需要注册百度账号并创建应用获取 API 密钥。接着，在 API 控制台中启用 POI 检索服务。

（2）使用 HTTP GET 请求发送检索请求。请求的 URL 中需要包含 API 密钥、检索关键词、检索范围等参数。在本例中，我们的请求 URL 可能类似于：http：//api.map.baidu.com/place/v2/search？query＝咖啡馆 &region＝北京 &output＝json&ak＝您的 API 密钥。

（3）发送请求后，将得到一个 JSON（JavaScript Object Notation）的响应，其中包含了所有符合条件的 POI 信息，如名称、地址、经纬度等。我们可以使用编程语言（如 Python、JavaScript 等）解析这个 JSON 响应，提取需要的 POI 信息。

（4）利用这些 POI 信息进行进一步的分析和可视化。比如，可以在地图上标出这些咖啡馆的位置，或者统计不同区域内咖啡馆的数量和分布情况。

通过这种方式，我们可以快速地获取大量的 POI 数据，并进行各种空间分析和可视化。同时，百度地图的 API 服务还提供了丰富的搜索选项和过滤条件，可以帮助我们更精确地获取所需的 POI 数据。

JSON 格式及 POI 信息表达

JSON 是一种轻量级的数据交换格式,由道格拉斯·克罗克福德(Douglas Crockford)提出,主要用于在 Web 应用中简化数据的存储和传输过程。JSON 数据由键值对组成,键和值之间用冒号分隔,键值对之间用逗号分隔,整个对象用花括号 {} 包裹;而数组元素则用方括号 [] 包裹,元素之间同样用逗号分隔。JSON 的基本数据类型包括字符串(string)、数字(number)、布尔(boolean)、数组(array)、对象(object)以及 null 值。

以下是一个简单的 JSON 格式的 POI 信息列表示例,它包含了几个不同类型的 POI 数据:

```
[
    {
        "id": "poi001",
        "name": "星巴克咖啡店",
        "category": "餐饮服务",
        "subcategory": "咖啡厅",
        "location": {
            "latitude": 39.9042,
            "longitude": 116.4074
        },
        "address": "北京市朝阳区建国门外大街1号国贸商城一层",
        "phone": "010-12345678",
        "opening_hours": "08:00-22:00",
        "rating": 4.5,
        "website": "http://www.starbucks.com.cn"
    },
    {
        "id": "poi002",
        "name": "东山公园",
        "category": "旅游景点",
        "subcategory": "公园",
        "location": {
            "latitude": 25.8578,
            "longitude": 115.4903
        },
```

```
            "address":"江西省赣州市章贡区东山路",
            "description":"市区内的休闲绿地公园",
            "entrance_fee":"免费开放",
            "operating_hours":"全天候"
        },
        {
            "id":"poi003",
            "name":"乐刻健身房",
            "category":"运动健身",
            "subcategory":"健身房",
            "location":{
                "latitude":28.6630,
                "longitude":113.1512
            },
            "address":"湖南省株洲市天元区和城路与梅苑路交叉口东北角",
            "phone":"0731-98765432",
            "opening_hours":"06:00-23:00",
            "facilities":["跑步机","游泳池","团体课程"]
        }
    ]
```

在这个示例中，每个POI都是一个JSON对象，包含诸如ID、名称、类别、子类别、经纬度、地址、电话、营业时间、评分、网站和其他相关信息等字段。实际上，根据不同的地图服务提供商或应用程序，POI信息可能包含更多或不同的字段。

3. 公众号或网站

一些公众号会定期向用户分享免费的POI数据，这些数据已经由公众号运营者预先下载并整理完毕。这些公众号提供的POI数据覆盖范围相当广泛，几乎涵盖了全国各个地区。无论是大城市还是偏远地区，你都可以在这些公众号中找到相关的POI信息。这使得它们成了非常宝贵的资源，尤其是对于需要全国范围内POI数据的人来说。如果对这些免费的POI数据感兴趣，可以通过微信搜索来找到这些公众号。在微信的搜索框中输入相关关键词，如"免费POI数据"或"全国POI"，即可找到相关的公众号（图4.3）。按照公众号要求的数据方式即可获取其提供的POI数据资源。需要注意的是，虽然这些公众号提供的POI数据是免费的，但在使用这些数据时仍须谨慎，确保你了解数据的来源和准确性，并根据需要进行验证和筛选。

（二）POI的处理方法

获取POI数据后，需要经过清洗、分析和可视化处理，以满足不同实际应用场

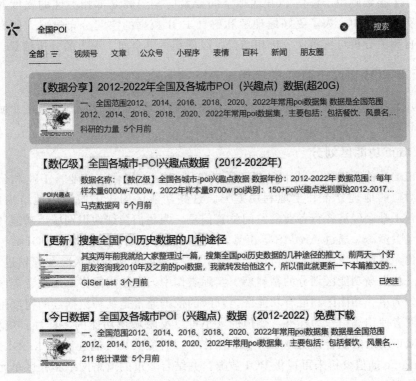

图 4.3　微信公众号获取 POI 的方式

景的需求。随着应用的不断扩展，POI 数据的分析方法也越来越丰富。一般来说，POI 数据的分析方法可以分为空间分析方法和统计分析方法两大类。其中，核密度分析和空间自相关分析是两种最常用和最具代表性的分析方法。这些方法主要通过 POI 数据的密度分布来揭示不同实体在空间上的分布特征和依赖程度，从而有助于我们更深入地了解 POI 数据的含义和价值。在实际应用中，我们可以根据具体需求选择合适的方法来分析 POI 数据，以得出有用的结论和推论。

核密度分析是一种衡量 POI 数据集聚程度的最重要、最直观的方法，ArcGIS 的核密度分析工具是实现这一过程的重要工具之一。使用 ArcGIS 进行核密度分析，首先要将 POI 数据导入软件中，并选择核密度分析方法。设置的参数包括搜索半径、输出像元大小和 population 字段等。分析完成后，可以通过可视化工具将结果以图表或地图的形式展现出来，便于观察和理解 POI 数据在空间上的分布特征和依赖程度。同时，ArcGIS 的核密度分析工具还支持多种输出格式，可以将分析结果导出为其他软件可识别的文件格式，为后续的研究和应用提供便利。

空间自相关是指位于同一地理区域内的观测数据间可能存在的相互依赖关系，这种关系揭示了地理对象属性值在空间上的相互关联性。空间自相关分析不仅能为我们提供关于地理空间对象全局特征的信息，还能深入局部特征的层面。相较于传统的基于样本方法的空间自相关分析，POI 数据热点的空间自相关分析具有其独特优势，能更准确地反映设施服务在空间上的连续性影响。目前，常用的 POI 数据空间自相关算法主要有 Getis-Ord Gi 指数和 Global/Local Moran's I 指数等。其中，Getis-Ord Gi 指数主要描述因空间关联而形成的全局或局部冷热点要素特征，而 Global/Local

Moran's I 指数则用于评估 POI 地理空间要素的全局和局部相关性的强度和分布特点。在实际应用中，为了更好地理解和解释 POI 数据的空间分布模式，研究者经常将空间自相关分析与核密度分析相结合，以期获得更全面、深入的分析结果。

（三）POI 在城市研究中应用

POI 数据在城市研究中的应用已经越来越广泛，以下简单介绍 POI 在城市功能区划分和城市中心区-过渡区的识别上的应用。

1. 城市功能区划分

城市的功能区指的是城市内部不同功能活动（如居住、商业、工业和公共服务等）所对应的地理分布和土地利用差异。这些功能区构成了城市用地结构的基础。POI 包含了社会经济各行各业的空间位置信息，为我们精细地识别城市功能区的类型提供了宝贵资源。通过 ArcGIS 等工具，我们可以将带有各种属性的 POI 数据进行空间可视化，从而迅速识别出城市的功能区；与当前的土地利用状况和规划进行对比，可以进一步提高功能区划分的精确度。实际操作中通常使用网格单元或者街区单元将城市划分为单一功能区和混合功能区。判断的依据通常是某种数据点的密度是否超过 50%，或者使用熵值作为标准。熵值的大小可以反映城市功能的多样性：熵值越大，意味着城市功能的混合程度越大。实际操作中，研究人员可能会使用 ArcGIS 的核密度和 Kriging 插值分析来可视化 POI 数据，并结合城市的道路网络和社区单元来完成功能区的划分。

POI 识别城市功能区的课后阅读案例：

① 池娇，焦利民，董婷，等．基于 POI 数据的城市功能区定量识别及其可视化［J］．测绘地理信息，2016，41（2）：68-73.

② 薛冰，赵冰玉，肖骁，等．基于 POI 大数据的资源型城市功能区识别方法与实证——以辽宁省本溪市为例［J］．人文地理，2020，1535（4）：81-90.

2. 城市中心区-过渡区识别

城市中心区-过渡区的识别是城市规划与研究的重要任务。城市中心区通常是一个功能混合、设施完备的区域，其 POI 数据类型丰富、数量众多。与功能区的划分强调单一类型重要性不同，城市中心区识别更注重多种 POI 类型共同产生的综合影响。POI 数据在城市地理空间中的稀疏分布，是城市中心区影响范围及其内部多种要素集聚程度的具体体现。这种数据的空间分布模式，不仅仅是一种简单的地理现象，更在一定程度上揭示了城市功能区的核心与边界。尤其在城市中心区，POI 数据的高度集中，突显了这些地带在城市体系中的重要地位和作用。随着中心区向外扩展，POI 的密度变化呈现出一种梯度变化的趋势。从城市中心向外围扩展，尤其是在接近城乡交界的地带，这种数据的分布逐渐变得稀疏。通过深入研究 POI 密度的这种变化趋势，专业人士可以更精确地判定城乡过渡带的阈值。这个阈值并非一个随意设定的标准，而是基于大量数据分析和实际地理空间观察得出的科学结论。利用这个阈值，我们能够更加准确地划定城市建成区的实际范围，这对于城市规划、土地利用以及相关政策的制定具有重要的指导意义。

■ 二、夜间灯光数据

夜间灯光数据是一种独特的地理信息数据，通过卫星遥感技术在夜晚捕捉地球上的灯光亮度。这种数据不仅仅展示了灯光的存在，更重要的是，它揭示了人类活动的强度、范围和模式。卫星遥感技术作为获取这种数据的核心工具，具有全球覆盖、连续观测和定量测量等优点，使得夜间灯光数据成为一种有价值的资源。

传感器是卫星遥感技术的"眼睛"。不同类型的传感器可以"看到"不同波段和分辨率的灯光。这意味着，通过调整传感器的参数或使用不同类型的传感器，可以获得关于地球上不同类型和来源的灯光的详细信息。例如，某些传感器可能对城市的强光更为敏感，而另一些传感器则更适合捕捉乡村或偏远地区的微弱灯光。

在众多的夜间灯光数据中，美国 DMSP 卫星的 Visible Infrared Imaging Radiometer Suite（VIIRS）数据尤为突出。VIIRS 数据因其高分辨率和广泛的覆盖范围而被广泛关注和应用。这种数据不仅可以显示城市和人口密集区的明亮灯光，还能够捕捉到乡村道路、小型聚落甚至是渔船上的微弱灯光。京津冀-长三角-珠三角城市群 2020 年夜间灯光亮度见二维码。

京津冀-长三角-珠三角城市群 2020 年夜间灯光亮度

（一）夜间灯光数据获取方法

对于没有受过专业训练的文科学生来说，获取夜间灯光数据可能是一个相对陌生的任务。然而，随着技术的进步和数据的开放共享，现在有多种途径可以方便地获取这些数据。以下是获取夜间灯光数据的方法。

1. 访问数据提供机构的官方网站

对于大多数卫星数据，可以通过访问相关数据提供机构的官方网站进行下载。例如，美国国家海洋和大气管理局（NOAA）、美国航空航天局（NASA）的网站提供了 DMSP/OLS 和 NPP/VIIRS 夜间灯光数据的下载服务。用户需要在网站上注册账号，并根据数据使用协议进行申请和下载。具体的操作步骤如下。

（1）了解数据提供机构。首先，研究者需要明确哪些机构提供了所需的夜间灯光数据。例如，NOAA 和 NASA 是提供 DMSP/OLS 和 NPP/VIIRS 数据的权威机构。

（2）访问官方网站。例如访问 NASA 的官方网站（网址：https://www.nasa.gov），在搜索框中输入相关关键词，如"NPP/VIIRS 夜间灯光数据"，以找到相应的数据下载页面。

(3) 注册账号和申请。在 NOAA 或 NASA 的网站上，找到注册入口，按照要求填写个人信息注册账号，这通常是获取数据的第一步。然后进入夜间灯光数据的下载页面，阅读并理解数据使用协议。根据协议要求填写申请表格，包括研究目的、计划使用数据的方式等。有些数据可能需要支付一定的费用，根据指引完成支付流程。提交申请后，需要等待一段时间以供数据提供机构审核。审核通过后，会收到一封确认邮件，其中包含如何下载数据的详细信息。

(4) 下载和使用数据。根据确认邮件中的指引，登录账号并找到相应的数据下载链接。下载所需时间取决于数据量大小和网络速度。在下载完成后，对数据进行解压和处理。根据需要，使用专业软件或编程工具进行数据分析。

通过以上步骤，研究者可以成功地从 NOAA 和 NASA 等权威机构的官方网站上获取所需的夜间灯光数据，为后续的研究工作提供坚实的数据基础。

2. 利用公众号分享申请

随着学术交流和知识共享的日益普及，越来越多的学术推广公众号涌现出来，它们不仅致力于传播最新的学术成果和研究动态，还积极分享各类研究数据和资源。夜间灯光数据作为地理学和遥感领域的重要数据类型，也在这些公众号上得到了分享和广泛的传播。这些学术推广公众号通常由科研机构、大学或专业团队运营，其拥有丰富的学术资源和专业背景，能够确保所提供数据的权威性和准确性。通过与这些公众号合作，用户可以便捷地获取所需的夜间灯光数据集，无须经历烦琐的申请和下载流程，也无须复杂的技术操作或专业的背景知识。合作方式通常包括关注公众号、填写申请表格或直接联系公众号运营者。在申请数据时，用户可能需要提供简要的研究计划和数据使用说明，以确保数据的合规使用。一旦申请通过，用户可以直接下载或在线访问所需的夜间灯光数据集。

图 4.4 所示是在微信搜索栏以"夜间灯光数据下载"为关键词搜索后得到的结果，从图中可以清晰地看到，有众多的公众号分享了与夜间灯光数据相关的内容。这些公众号不仅提供了数据的下载链接，还经常发布相关的研究动态、成果展示和数据分析方法，为希望获取此类数据的研究者提供了一个丰富的信息库和交流平台。

（二）夜间灯光数据的应用场景与主要方法

夜间灯光数据在城市研究中主要用于揭示城市化进程的时空动态，包括城市扩张、人口分布、经济活动等，为政策制定和可持续发展提供重要依据。以下列举了两种典型的应用场景。

1. 城市群空间结构识别

城市群空间结构识别是城市化研究中的一项关键任务，传统方法受限于行政区划或人口数据。然而，随着遥感技术的发展，夜间灯光数据为识别提供了新视角。通过分析夜间灯光数据的亮度和空间分布，可以观察到城市间的灯光连接和分布模式，反映经济、社会和基础设施之间的联系。设定合适阈值后，可将连续灯光区域划分为不同城市群，进而分析其空间结构和形态特征，如总面积、形状紧凑度等。这为理解城

图 4.4 通过微信公众号获取夜间灯光数据

市群发展模式、预测未来趋势和制定政策提供重要依据。利用夜间灯光数据不仅提高了识别精度和实时性，还为决策者提供了全面、准确和及时的信息支持，对于应对城市化挑战和机遇具有重要意义。

2. 经济发展评估

夜间灯光亮度与人类经济活动存在紧密的联系，通常情况下，经济活跃的地区夜间灯光亮度较大，而经济相对滞后的地区则夜间灯光亮度较小。因此，通过分析不同时间段的夜间灯光数据变化，我们可以洞察城市群的经济发展趋势和活跃度。这种趋势分析不仅可以揭示经济增长或衰退的轨迹，还能反映城市群内部的经济活力和不平衡性。

专栏 4.4

使用夜间灯光数据评估战争破坏程度

武汉大学李德仁院士团队利用夜间灯光遥感数据来估算叙利亚内战对城

市和社会经济状况的影响。他们通过分析认为，卫星捕捉到的夜间地球表面的人造光源强度、分布和变化情况，间接反映了叙利亚内战期间城市的活跃度、人口集聚程度及基础设施的运行状况。

在研究中，研究人员收集了叙利亚内战前后一段时间内的连续夜光遥感影像，并重点关注了由战争导致的城市夜间灯光的变化。由于战争爆发后，大量人口流离失所，城市基础设施遭到破坏，经济活动大幅减少，因此城市夜晚的灯光亮度会显著下降。通过对这些数据的定量分析，李德仁及其团队能够量化叙利亚内战对城市生活和经济活动造成的剧烈影响。

具体而言，他们发现叙利亚因内战导致了大规模的夜间灯光减弱甚至消失。比如数据显示叙利亚有超过80%的夜间灯光在冲突期间消失，这直观地揭示了内战对当地社会稳定的破坏程度之深。这项研究成果发表在《国际遥感杂志》上，受到《纽约时报》《华盛顿邮报》等国际知名媒体的广泛关注和报道。媒体评论认为，利用夜间灯光数据评估经济损失是一种"独特而有创意的做法"，能为评估战争等极端事件的影响带来新视角。

更详细的信息可参考研究原文：Li X, Li D R. Can night-time light images play a role in evaluating the Syrian Crisis? [J]. International Journal of Remote Sensing, 2014, 35 (18)：6648-6661.

在处理夜间灯光数据以理解城市空间发展的过程中，选择合适的处理方法显得尤为重要。这不仅涉及如何有效地提取和分析信息，更直接影响到我们对城市发展模式和趋势的准确认知。在众多处理方法中，阈值法和时间序列分析尤为突出，被视为两种主要的策略。

（1）阈值法。通过设置合适的灯光强度阈值，提取出城市区域的灯光像元。这种方法简单易行，但可能忽略一些规模较小或发展程度较低的城市。夜间灯光数据阈值法是通过设置特定的灯光强度阈值，从原始的夜间灯光数据中提取出城市或人类活动区域的灯光像元。这种方法的核心思想是认为超过某一特定阈值的灯光强度可以代表城市区域，而低于该阈值的区域则被视为非城市或非人类活动区域。例如，在一项关于中国城市化进程的研究中，研究者使用了DMSP/OLS夜间灯光数据，并应用了阈值法来提取和监测1992—2008年间中国城市的扩张动态。他们设定了一个灯光强度阈值，成功地从原始数据中识别并提取了城市区域。这种方法帮助研究者快速、准确地得到了城市空间分布的结果，并为进一步分析城市发展的时空模式提供了重要的基础数据。该研究不仅讨论了方法的实用性，还对中国城市化进程的特点和趋势进行了深入的探讨。

（2）时间序列分析。时间序列分析是一种在夜间灯光数据处理中广泛应用的方法，通过收集多年的夜间灯光数据，构建时间序列数据集，可以揭示城市群的时空动态和发展趋势。这种方法能够捕捉城市在不同时间点的灯光强度和分布变化，进而分析城市的扩张、收缩和形态变化等过程。例如，在一项研究中通过使用2000—2018年的长期夜间灯光数据，研究者对京津冀城市群城市化演进过程进行了详细研究。研究发现，京津冀地区的城市化发展可以清晰地划分为三个主要阶段。第一个阶段是2000—2009年，此期间主要表现为核心城市的快速城市化。北京和天津作为区域的政治和经济中心，吸引了大量的人口和产业集聚，夜间灯光数据显示出这两个城市的显著亮化趋势。第二个阶段是2010—2014年，该阶段以周边卫星城市的波动发展为特征。随着核心城市的发展逐渐饱和，人口和产业开始向外围的卫星城市扩散。这些卫星城市在这一时期经历了不同程度的增长和波动，反映出城市化进程中的复杂性和动态性。第三个阶段是2015—2018年，主要表现为以中等城市为主的稳定城市化。在这一阶段，中等城市逐渐成为区域城市化的主要驱动力，呈现出更为均衡和稳定的发展态势。此外，研究还发现，京津冀地区城市化的空间演化格局具有明显的东北-西南方向性。北京和天津两个核心城市位于这一方向的轴线上，成为快速城市化扩张的中心。与此同时，周边的小城市也沿着这一轴线进行低速扩张，与核心城市形成了协同发展的格局。这项研究不仅证实了长时序夜间灯光数据在监测区域城市化进程中的有效性和低成本优势，而且为城市化过程的动态时空格局研究提供了方法上的借鉴。更重要的是，这些数据和分析结果可以为政策制定者提供宝贵的信息，帮助他们更好地理解城市化进程中的趋势和挑战，从而制定出更加科学和可持续的城市发展政策和管理策略。

三、人口格网分布数据

人口格网分布数据是以利用遥感技术获取的土地利用类型数据及人口统计数据为基础，结合GIS的空间分析功能构建而成。这种数据模型能够将统计型的人口数据空间化，生成具有空间属性和一定分辨率的人口格网数据。

LandScan 和 WorldPop 是两种在全球范围内广泛应用的人口格网分布数据。这些数据提供了高分辨率的人口分布信息，对于人口学、城市规划、公共政策等多个领域的研究具有重要的价值。其中，LandScan 是由美国能源部橡树岭国家实验室（ORNL）开发的一种全球人口格网分布数据产品，其官方网站上提供了2000年至今空间分辨率接近 1km×1km 的时序数据。通过运用 GIS 和遥感等先进技术，LandScan 已经成为全球人口数据发布的社会标准，它基于地理位置，具有分布模型和最佳分辨率，被认为是全球最准确、最可靠的人口动态统计分析数据。WorldPop 是由南安普顿大学于2013年10月发起的一项全球人口数据评估项目。它对地球上每100m×100m 格网方块的人口数量、人口密度等进行估计。与 LandScan 数据相比，WorldPop 数据具有更为丰富的社会经济属性。除了基本的人口分布信息外，WorldPop 还涵盖了诸如年龄性别结构、出生率、人口流动以及航班联系等多方面的数据集。这些数据为研究人员和政策制定者提供了更全面、更深入的人口学视角，有助于更好地理解人口分布与社会经济发展之间的复杂关系。利用上海市边界提取的 LandScan 和 WordPop 数据空间展示见二维码。

上海市
LandScan 与
WorldPop 人口
分布对比

与传统的基于行政区划统计的人口分布数据相比，人口格网分布数据具有以下主要异同点。

（1）数据粒度。基于行政区的统计数据通常提供的是整个行政区（如省、市、县）的总人口数，而人口格网分布数据则将人口数分配到更小的地理格网中，提供了更精细的空间分辨率。

（2）空间连续性。传统的行政区划统计数据在空间上是离散的，以行政区划为单位进行统计。而人口格网分布数据通过空间插值等方法，实现了人口分布在空间上的连续性，能够更准确地反映人口的空间分布模式。

（3）灵活性。人口格网分布数据不受行政区划的限制，可以根据需要调整格网的大小和形状，以适应不同的研究或应用需求。而基于行政区的统计数据则受限于现有的行政区划，灵活性较弱。

与获取夜间灯光数据的方法相似，对于 LandScan 和 WorldPop 数据，用户同样可以通过多种便捷的途径来获取。其中，通过官方网站下载数据是一种常见的方式。这些网站通常提供了详尽的数据说明和明确的下载链接，用户只须遵循网站上的步骤进行操作，便能轻松地获取所需的数据。此外，为了满足更多用户，尤其是学术界用户的需求，一些学术公众号还提供了多时序下载处理后的数据。用户只须关注这些公众号，并按照其指引进行操作，即可免费获取最新的数据。

四、矢量道路网数据

矢量道路网是指以矢量数据格式表示的城市道路网络。在矢量道路网上，每一条道路都被表示为由线段和节点构成的矢量对象，这些对象包含了道路的长度、宽度、方向、车道数、限速等丰富的属性信息。这种结构化的数据格式使得矢量道路网能够支持各种复杂的网络分析。例如，通过最短路径计算，我们可以找出在城市道路网中两点之间距离最短或者时间最短的行驶路线，这对于交通规划、应急响应以及出行导航等领域具有重要应用价值。服务区分析则可以帮助我们确定从某一地点出发，在一定时间内可以到达的服务区域，这对于商业布局、公共服务设施规划等研究十分关键。这些分析可以帮助研究者深入理解城市内部的交通流动模式、可达性和空间联系，从而推断城市活动的空间分布和空间相互作用。

（一）矢量道路网数据的获取

矢量道路网数据的获取渠道多种多样，开放街图（OSM）是其中一个极为重要和广泛使用的来源。OSM 作为一个社区驱动的项目，其独特之处在于它的数据是由全球各地的志愿者通过实地测绘、卫星图像解析以及公共数据整合等方式收集和维护的。在 OSM 中，道路网数据是以矢量格式存储的，这使得数据具有很高的精度和可操作性。道路网包括了各种类型的道路，如高速公路、主干道、支路、步行道等。除了道路网数据外，OSM 还包含了丰富的其他图层数据，这些数据对于进行综合的空间分析和规划至关重要。北京市道路网分布及属性信息见二维码。

用户可以通过访问网址 download.geofabrik.de/asia.html，进入 OSM 的数据下载平台。在这个平台上，用户被赋予了按照各国的国别以及各种数据格式进行选择和免费下载数据的权限。一旦进入下载界面，用户会发现一个直观的布局（图 4.5），该布局清晰地列出了亚洲各个国家的名称及其相应的数据下载选项。通过点击希望获取数据的国家名称，用户将被引导至该国详尽的数据下载页面。在国家级别的数据下载页面上，用户可以根据自身的项目需求和偏好，从多种可用的数据格式中进行选择。这些格式可能包括但不限于 PBF 及 Shapefile（.shp）等。每种格式都有其独特的优点和适用场景。

北京市道路网
分布及属性信息

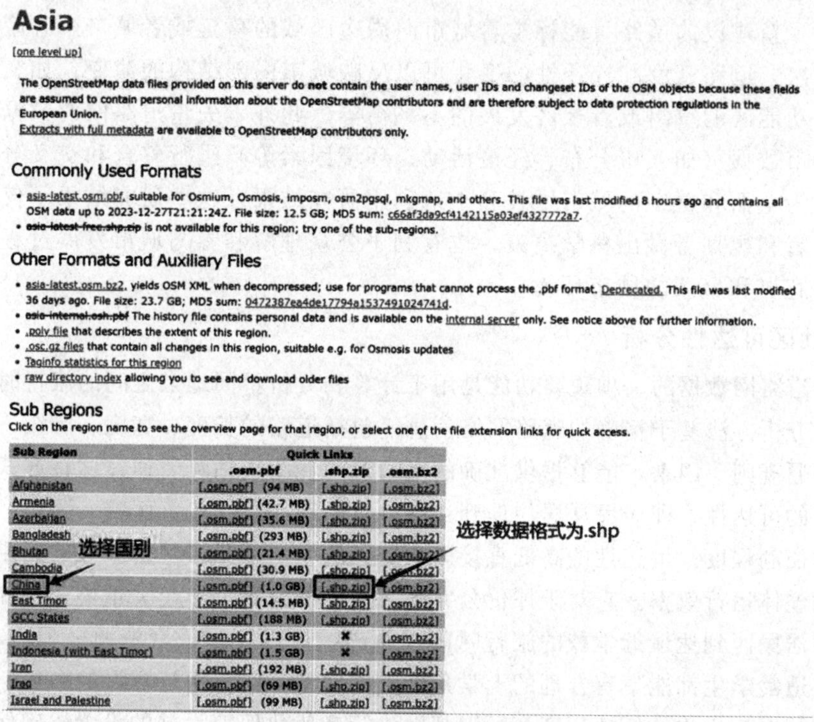

图 4.5　OSM 官网数据下载界面

（二）矢量道路网数据的应用领域

矢量道路网数据在城市研究中具有多种重要应用，以下列举其在城市增长和土地利用研究、社区可达性分析以及优化城市布局领域的应用。

1. 确定街区边界

矢量道路网以其精确、详细的方式描绘了城市中的街道网络，这一网络包含了各种不同等级和功能的道路，如主干道、次干道和支路等。主干道通常是城市交通的主要通道，连接着城市的各个重要区域和节点，它们的走向和布局直接影响城市的整体结构和形态。次干道和支路则构成了城市内部的微循环系统，它们在主干道之间穿梭，为居民提供日常出行的便利，并进一步细化了城市的交通网络。这些道路不仅构成了城市的交通脉络，而且自然而然地定义了街区的边界。每一条街道都如同城市的骨架，将城市空间分割成不同的区块。通过对道路的走向和连接方式进行深入分析，规划者能够理解城市空间的组织方式和流动模式，从而合理地划分出具有明确边界的街区单元。武汉市街区单元划分见二维码。

武汉市街区单元划分

2. 城市增长和土地利用研究

城市增长和土地利用研究是理解和规划城市发展的重要领域，其中矢量道路网作为一种关键工具，对于揭示和预测城市扩张模式起着至关重要的作用。通过对矢量道路网的发展和变化进行深入分析，能够从多个角度洞察城市发展的趋势和特征。首先，道路的延伸和改扩建往往预示着城市的扩展方向和速度。例如，新建设的道路可能标志着城市向周边区域的蔓延或者城市中心区的功能调整。其次，道路密度和连通性的变化可以反映城市内部结构的演变，如交通需求的增长、功能区的重组或者社区发展的不平衡等。此外，矢量道路网的数据还可以与其他城市数据（如人口分布、经济活动、环境因素等）进行整合和交叉分析，从而提供更为全面和精细的城市增长和土地利用研究结果。这些研究结果不仅有助于政策制定者和规划者做出科学决策，也有利于公众理解和参与城市发展过程，共同塑造更加宜居和繁荣的城市环境。

3. 社区可达性分析

矢量道路网数据的一项重要功能是用于计算和分析不同地点之间的旅行时间或距离。这种分析方法基于精确的道路网络信息，包括道路的长度、宽度、等级、交通流量以及交通规则等因素，能够提供准确的出行时间和距离估算。通过这种方式，可以评估社区的可达性，即居民从居住地到达各种目的地（如学校、医院、公园、购物中心等）的便利程度。可达性的高低直接影响居民的生活质量、社会服务的利用效率以及城市的整体运行效率。它对于评价公共服务设施的公平分布至关重要。例如，通过计算不同居民区到达最近学校的旅行时间或距离，可以评估教育资源分配的均衡性，确保所有适龄学生都能享有合理的上学条件。同样地，对于医疗资源的布局，通过分析居民到达医疗机构的便捷程度，可以帮助决策者优化医疗设施的设置，确保医疗服务覆盖到所有需要的人群。此外，商业设施的选址也极大地依赖于矢量道路网数据的分析。通过对潜在商业区域的可达性进行评估，商家和规划者可以确定最有利的开店位置，以吸引最大的目标客户群体。一般来说，高可达性的地区通常意味着更大的客流量和商业活动潜力。因此，这样的分析结果对于商业投资决策和城市经济的发展都具有重要的指导意义。可见，矢量道路网数据在计算和分析旅行时间或距离进而评估社区可达性方面，发挥着关键作用。这对于评价公共服务设施的公平分布以及商业设施的选址具有极其重要的意义，有助于推动城市规划的科学化、精细化和人性化，提升城市的整体运行效率和服务水平。

五、PM$_{2.5}$ 数据

空气质量评估涉及多个关键指标，其中 PM$_{2.5}$ 浓度是个非常重要的参数。PM$_{2.5}$

是指直径小于或等于 2.5 微米的颗粒物，这些颗粒物能够在大气中悬浮较长时间。$PM_{2.5}$ 可以通过各种空气质量监测站进行实时或定期采集。通过对采集的数据进行分析，可以了解空气质量的变化趋势，识别污染源，以及评估空气质量对公众健康的影响，为环保政策的制定和调整提供科学依据。

（一）$PM_{2.5}$ 数据的获取

一种重要的可公开获取的空间化 $PM_{2.5}$ 数据是 ChinaHigh $PM_{2.5}$。ChinaHigh $PM_{2.5}$ 数据集是中国高分辨率高质量近地表空气污染物数据集（China High Air Pollutants，CHAP）中的 $PM_{2.5}$ 数据集，由美国马里兰大学韦晶博士、李占清教授团队研究生产。该数据集利用人工智能技术，使用模式资料填补了卫星 MODIS MAIAC AOD 产品的空间缺失值，结合地基观测、大气再分析和排放清单等大数据生产得到 2000—2021 年全国无缝隙地面 $PM_{2.5}$ 数据。数据十折交叉验证决定系数 R^2 为 0.92，均方根误差 RMSE 为 10.76 $\mu g/m^3$。主要范围为整个中国地区，空间分辨率为 1km，时间分辨率为日、月、年，单位为 $\mu g/m^3$。

Zendo 平台上分享了该数据集中 2000—2021 年全国范围的逐年的 $PM_{2.5}$ 栅格数据，可通过访问 https://zenodo.org/record/6398971 免费获取。这个数据集的发布为环境科学家、研究人员以及政策制定者提供了宝贵的信息资源，有助于他们深入研究和理解我国过去 20 年间的空气质量变化趋势。该数据集的原始格式为 NetCDF（.nc），这是一种广泛用于存储多维科学数据的标准格式。在 NetCDF 文件中，$PM_{2.5}$ 的数据以空间分辨率为 1km 的栅格形式呈现，这确保了数据的高精度和详细程度，能够精细地反映不同区域的空气质量差异。

数据集中的 $PM_{2.5}$ 浓度单位为微克每立方米（$\mu g/m^3$），这是衡量空气质量的重要指标之一。通过分析这些数据，可以了解到各个年份、各个地区的 $PM_{2.5}$ 浓度水平，进而评估空气质量对公众健康的影响，以及为环保政策的制定和调整提供科学依据。该数据集采用的是全球通用的地理坐标系统 GCS_WGS_1984，确保了数据在全球范围内的可比性和一致性。然而，为了便于后续的数据处理和分析，用户可能需要将 NetCDF 格式转换为更常用的地图图像格式，如 TIF 或 IMG。为此，可以借助 GIS 软件，如 ArcGIS、QGIS 等，进行数据格式的转换。这些软件通常提供了强大的数据处理和转换功能，使得用户能够轻松地将 nc 格式的 $PM_{2.5}$ 数据转换为 tif 或 img 格式，同时保持数据的质量和完整性。

（二）$PM_{2.5}$ 数据的应用领域

$PM_{2.5}$ 数据在城市研究中具有多种重要应用，以下列举其在空气质量监测与评估、公共健康影响研究以及优化城市布局领域的应用。

1. 空气质量监测与评估

空气质量监测与评估是环保工作中的核心环节，其中 $PM_{2.5}$ 作为关键空气质量指标，其监测和分析对理解与改善城市空气质量至关重要。通过持续监测 $PM_{2.5}$ 数据，可以积累时间序列数据，详细记录各时间段内 $PM_{2.5}$ 浓度变化。这些数据用于全面深入评估城市空气质量，包括计算平均 $PM_{2.5}$ 浓度以判断是否达到国家标准，分析季节性变化以制定防控策略,以及比较不同区域的浓度以识别污染热点并采取针对性治理措施。同时,深入分析 $PM_{2.5}$ 时间序列数据能揭示空气质量变化趋势,如研究长期 $PM_{2.5}$ 浓度变化以判断空气质量改善或恶化,以及观察短期浓度变化以预警和应对突发空气质量问题。这些详细的 $PM_{2.5}$ 数据为环保部门制定和调整空气质量改善策略提供了重要参考。根据数据揭示的污染源和高污染区域,相关管理部门可制定针对性策略,如加强工业排放监管和优化交通布局以减少尾气排放等。此外,通过持续监测和分析 $PM_{2.5}$ 数据,能客观评估政策效果,如是否达成减排目标和空气质量是否显著改善等。

2. 公共健康影响研究

高浓度的 $PM_{2.5}$ 颗粒物与多种呼吸系统和心血管疾病的发病率有着紧密的关联。这些微小的颗粒物能深入肺部,甚至进入血液,对人体健康构成严重威胁。为了更深入地理解 $PM_{2.5}$ 对公众健康的影响,科研人员进行了大量的研究,探索 $PM_{2.5}$ 数据与公众健康数据之间的关系。他们结合了人口密度、人群活动模式等重要因素,以期更准确地评估 $PM_{2.5}$ 污染对不同人群造成的健康风险。这些研究结果显示,不同人群对 $PM_{2.5}$ 污染的健康风险存在差异,如儿童、老年人和户外上班族等。儿童由于肺部发育尚未完全,对 $PM_{2.5}$ 的暴露更为敏感,长期暴露于高浓度 $PM_{2.5}$ 环境中可能导致呼吸道感染、哮喘等疾病的发病率增加。老年人则可能因身体机能下降,更容易受到空气污染的侵害,$PM_{2.5}$ 污染可加重他们的心血管疾病症状,甚至导致提前死亡。上班族由于长时间在户外活动,也可能面临更高的健康风险,如慢性呼吸道疾病和心血管疾病等。基于这些研究结果,公共卫生部门可以制定更有效的预防和干预措施。可以通过优化城市规划、改善交通状况、提升空气质量监测和预警系统等方式来降低 $PM_{2.5}$ 浓度。同时,针对不同人群的健康风险差异,制定个性化的防护和干预措施,如为儿童提供安全的室内环境、为老年人提供空气净化设备等。

3. 优化城市布局

优化城市布局是降低 $PM_{2.5}$ 浓度、改善空气质量的重要途径之一。不同的城市空间模式,如环形、网格状或放射状,会对城市内的空气流动、污染物扩散等产生不同的影响,从而影响 $PM_{2.5}$ 的浓度分布。例如,在环形城市布局中,由于城市中心与外围地区的联系相对紧密,空气流动可能受到限制,导致污染物在中心区域积聚。相比之下,网格状城市布局通常具有较好的通风性,有助于污染物的扩散和稀释。而放射状城市布局则可能因交通干道的辐射状分布,使得污染物沿交通线路扩散。此外,城市内不同功能区的布局也会对空气质量产生显著影响。工业区通常是污染物排放的主要源头,其布局应尽量避免对住宅区和商业区等人口密集区域造成直接影响。交通干道作为车辆排放的主要区域,其规划应考虑到交通流量、道路设计等因素,以减少交通拥堵和尾气排放。住宅区和商业区的布局则应注重绿化和通风廊道的设置,以增加空气的新鲜度和清洁度。同时,合理布局公共设施和服务设施,如公园、绿地、学校等,也有助于提高居民的生活质量,减少因户外活动增加而导致的 $PM_{2.5}$ 暴露风险。可见,通过探讨城市空间模式与 $PM_{2.5}$ 浓度的相关程度,以及分析不同功能区对空气质量的影响差异,可以为城市规划和调控提供科学的参考依据。这些依据将有助于优化城市布局，降低 $PM_{2.5}$ 浓度，改善空气质量，从而保障公众的健康和生活质量。

本章小结

　　随着全球城市化进程的加速，城市研究的重要性日益凸显。技术的飞速进步和数据的爆炸性增长，共同塑造了一个全新的数据环境，为定量城市研究提供了前所未有的机会和挑战。

　　本章主要介绍了大数据这一概念及其核心特征。大数据是指在传统数据处理应用软件无法有效获取、存储、管理和分析的大量、高速、多样和有价值的数据。其四大特性——volume（数据量大）、velocity（数据产生速度快）、variety（数据多样性）和 value（数据价值密度低）——揭示了大数据处理和分析的复杂性和需求，要求研究人员和分析师掌握先进的数据处理、分析和可视化技术。其中，城市大数据作为大数据的一个重要分支，尤其在理解和改善城市运行、推动智慧城市建设、提升城市管理效能、促进可持续发展等方面发挥着关键作用。城市大数据涵盖了城市运转过程中产生的各种类型的数据，包括交通、环境、社会经济、规划与地理空间以及人群行为等。

　　特别地，本章特别关注了5种常用的城市大数据类型：POI数据、夜间灯光亮度数据、人口格网分布数据、矢量道路网数据和 $PM_{2.5}$ 数据。POI数据包含了地理位置信息的各种分类，用于描述特定地点或区域的相关数据，如地点名称、经纬度、地址和类别等。这些数据在城市研究中具有广泛应用，如城市功能区划分和城市中心区-过渡区的识别。通过分析POI数据的密度和分布模式，可以精细地识别城市功能区的类型，判断城市的土地利用状况和规划精确度。同时，POI数据的高度集中也可以揭示城市中心区的重要地位和作用，以及城乡过渡带的阈值。夜间灯光亮度数据是一种独特的地理信息数据，通过卫星遥感技术捕捉地球上的灯光亮度，反映了人类活动的强度、范围和模式。这种数据在揭示城市化进程的时空动态，包括城市扩张、人口分布、经济活动等方面具有重要作用。例如，通过分析夜间灯光数据的亮度和空间分布，可以识别城市群空间结构，理解城市群发展模式、预测未来趋势并制定相关政策。同时，夜间灯光亮度也可以作为评估经济发展水平的指标，揭示经济增长或衰退的轨迹以及城市群内部的经济活力和不平衡性。人口格网分布数据提供了人口在地理空间中的详细分布情况，对于研究人口空间分布规律、评估公共服务设施需求、优化资源配置等具有重要价值。通过将人口数据进行格网化处理，可以更准确地了解人口密度、人口流动以及人口与环境、经济等因素的关系。矢量道路网是利用矢量数据形式来精准描绘和展示城市道路网络的一种技术。这种网络以点、线和面的组合，详细呈现了城市内各道路的走向、长度、宽度等关键信息。与此同时，OSM 作为一种可公开获取的矢量道路网数据类型，为众多研究提供了宝贵的数据资源。借助 OSM 的丰富信息，研究者能够深入探索城市发展的脉络，分析土地利用的变化趋势，评估社区间的交通可达性，从而为城市规划和政策制定提供有力的数据支撑和决策依据。$PM_{2.5}$数据在多个领域，尤其是城市环境评估和公共健康方面，扮演着至关重要的角色。在城市环境评估中，$PM_{2.5}$数据被用于监测和评价空气质量，识别污染源，分析污染分布和变化趋势，从而为城市规划、环境保护政策制定提供科学依据。它有助于确定空气质量改善的目标和策略，如调整工业布局、优化交通管理、增加绿化区域等。

总的来说，本章通过对这5种常用城市大数据的介绍和应用阐述，展示了城市大数据在城市空间功能/结构识别、社会经济发展水平评估、人口空间分布规律、环境评估/规划等方面的巨大潜力和价值，为城市研究和管理提供了重要的数据支持和方法指导。随着大数据技术的不断进步和数据资源的日益丰富，城市大数据的应用前景将更加广阔。

第四章学习内容
思维导图

思考题

1. 如何理解城市大数据的"4V"特征？结合实际案例，分析这些特征对城市研究和管理有何影响？

2. 试比较传统的城市研究方法与基于大数据的城市研究方法有何异同？大数据环境下，城市研究的范式、领域和方法发生了哪些变化？

3. 城市大数据包括哪些主要类型？各类数据在城市研究和管理中的应用场景和价值是什么？

4. 以交通拥堵为例，分析如何利用城市大数据进行问题诊断和解决方案制定。在这个过程中，数据挖掘和分析技术发挥了怎样的作用？

5. POI数据是城市研究中常用的一种数据。请总结POI数据的获取方式，并思考如何利用空间分析和统计分析方法，挖掘POI数据中蕴含的城市空间结构特征和规律。

6. 试论城市时空大数据在城市社会、经济和环境等方面研究中的应用前景和挑战。如何利用时空大数据，实现对城市运行和发展的动态监测、模拟和预测？

第五章

GIS 基础空间分析

▊ 第一节 空间分析概念

▊ 一、基本概念

　　GIS 中的空间分析是该领域的重要组成部分，发展历程可以追溯到早期的地图制作和数据整理阶段。早期人类通过手工绘制地图，记录地理特征和空间分布状态，这是地理信息整理的最初形式。随着时间的推移，地图制作逐渐演变为更系统的过程，地理学家和探险家通过观察和记录空间信息，积累了丰富的地理资料。

　　1854 年，英国医生约翰·斯诺通过制作一张霍乱地图，成功地追踪并揭示了伦敦 SOHO 区一场霍乱疫情的源头（图 5.1）。这张地图上使用图形方式标注了病例的

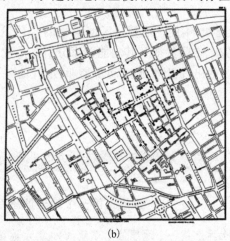

图 5.1　斯诺医生和他绘制的 SOHO 区"霍乱死亡地图"

分布，揭示了水泵与疫情的关联，为后来的流行病学和空间分析奠定了基础。虽然当时没有现代 GIS 技术，但这标志着对地理空间信息的早期分析和可视化。

约翰·斯诺的霍乱地图

约翰·斯诺的霍乱地图是 19 世纪重要的公共卫生和流行病学案例，展示了早期利用数据可视化分析传染病传播途径的创新尝试。

1854 年，伦敦 SOHO 区发生了一场严重的霍乱疫情。当时人们普遍认为，霍乱是由"有毒空气"传播的。但斯诺医生坚持认为，霍乱是通过污染的饮用水传播的。为了证实这一假设，斯诺在地图上标记了霍乱死亡病例的位置。他发现，大多数病例集中在某街边的一口公共水泵附近。通过仔细调查，斯诺发现这口泵的水源受到了附近霍乱患者的污染。斯诺将分析结果以地图形式呈现出来，地图上标注了水泵、死亡病例住所等，直观展现了霍乱病例与受污染水源的空间上的关联。这份被称为"斯诺的霍乱地图"成为流行病学史上的经典案例。

这一案例的重要贡献是：① 提出并证实了霍乱通过污染的饮用水传播的理论，颠覆了当时"有毒空气说"的传统观点；② 创新性地利用数据可视化手段，通过地图分布显示病例与污染源的紧密关系，为推论提供了有力佐证；③ 奠定了现代流行病学和公共卫生学的基础，突出了数据收集和空间分析在探索疾病传播规律中的重要作用。

斯诺的霍乱地图展示了大数据可视化分析的前瞻性作用，被认为是利用数据发现和解决公共卫生问题的里程碑式案例。它为现代流行病学、GIS 等学科的发展奠定了基础。

---

20 世纪 60 年代，地理与区域科学的"计量革命"，第一次明确将数学方法用于地理学研究、空间特征及其功能关系分析，从此由文字描述进入定量刻画阶段。与此同时，GIS 的出现极大地推动了空间分析的发展，使其更加专业化、系统化和实用化。

世界上第一个地理信息系统——CGIS

世界上第一个地理信息系统为加拿大地理信息系统（Canadian Geographical Information System，CGIS），该系统是由加拿大测量学家罗杰·托姆林森教授于 1963 年首次提出并建立的。他在自然资源的管理和规划领域中看到了集成地理数据的巨大潜力，并着手创建了一种能够采集、储存、操作、分析和展示地理空间信息的计算机系统。

CGIS 的主要目标是有效地管理和规划加拿大的自然资源，尤其是实施加拿大的土地使用计划和农业普查项目。CGIS 的成功开发和应用，标志着 GIS 技术从理论构想走向实践，奠定了 GIS 在土地调查、资源管理等领域的应用基础。虽然当时硬件条件有限，但 CGIS 所体现的数据集成、空间分析、可视化输出的核心理念，成为现代 GIS 系统的设计模型。罗杰·托姆林森 1969 年发表了论文《计算机解决地理数据处理问题的构想》，该文被称为 "现代 GIS 发展的摇篮"。他的创新工作为 GIS 的快速发展和广泛应用奠定了里程碑式的基础。

20 世纪 70 年代中期，GIS 引入了矢量数据模型，这种模型可以更好地表示现实世界中的地理对象。同时，拓扑关系的分析开始应用，使得空间对象之间的关系能够得到更精确的描述，为后续的空间分析打下基础。20 世纪 80 年代，GIS 系统引入了栅格数据模型，这种模型适用于表达地表上的连续性现象，如遥感影像。空间分析功能也开始扩展，包括缓冲区分析、叠加分析等，使得 GIS 功能更加强大和灵活。

20 世纪 90 年代初，GIS 系统开始支持三维和多维空间分析。这使得地理空间分析能够更全面地考虑地球表面的立体性和时间变化。2000 年以后，GIS 系统逐渐采用地理处理语言（如 Python）和开放系统标准，这为用户提供了更大的自由度和灵活性，使得空间分析的应用变得更加广泛和定制化。

进入 21 世纪，云计算和大数据技术的发展为 GIS 系统提供了更大的计算和存储能力，使得处理大规模地理数据和进行实时空间分析成为可能。近些年，机器学习和人工智能技术的应用逐渐渗透到 GIS 领域，为空间分析提供了更智能和自适应的方法，促使人们利用 GIS 系统更好地理解和利用地理空间信息。

总的来说，空间分析的历史是一个不断发展和深化的过程，从最初的基础地理要素分析，到后来的复杂系统分析和决策支持，都体现了人类对空间信息的深入理解和应用能力的提升。

关于空间分析的定义，不同的学者有不同的看法。

李德仁（1997）认为，空间分析是指从地理信息系统目标之间的空间关系中获取派生的信息和新的知识。

郭仁忠（2001）认为，空间分析是基于地理对象的位置和形态特征的空间数据分析技术，其目的在于提取和传输空间信息。

汤国安等（2007）认为，空间分析是从空间数据中获取有关地理对象的空间位置、分布、形态和演变等信息的分析技术。

以上这些定义强调了 GIS 空间分析是一种通过处理地理数据来揭示空间模式和关系的方法。不同学者可能侧重于不同的方面，但共同的目标是利用地理信息来更深入地理解和解释现象。

本书对空间分析的理解是：空间分析是基于空间数据的分析技术，以地学原理为依托，通过分析算法，从空间数据中获取有关地理对象的空间位置、空间分布、空间形态、空间形成、空间演变等信息。

空间分析的目的是通过对空间数据的深加工和分析，获取新的信息。具体包括：① 描述与认知空间数据，如城市气温的空间分布状态；② 解释空间现象与空间模式的形成机理，如住房价格中的地理邻居效应；③ 调控在地理空间上发生的事件，如公共服务设施的选址；④ 预测预报，如点状水源污染传播预测等。

二、空间分析的过程

GIS空间分析是一个系统化的过程，通常包括以下几个步骤。

（一）明确分析目的和标准

首先定义需要解决的空间问题或分析的目标，确保问题明确且有针对性。其次确定空间分析的具体目的，如发现空间模式、预测趋势、评估影响等。最后需要设定分析结果的标准，以便评估分析的有效性。

（二）准备分析数据

空间数据准备是空间分析的必备条件。在进行空间分析时，要获取相关的地理数据，包括地图、遥感数据、GIS数据库等，确保数据覆盖分析的空间范围；收集与问题相关的属性数据，如人口统计数据、土地利用和环境指标等，以提供更丰富的信息。除此之外，还要清理地理数据，处理缺失值、错误等，确保数据质量；整合不同来源的数据，保证一致性。

（三）进行空间分析操作

根据具体的问题和分析目的选择合适的方法对空间数据进行分析，获取相应的空间信息，如使用GIS工具执行空间查询或者进行空间统计分析，也可以构建空间模型进行分析。

（四）分析结果的解释与评价

对空间分析的结果进行解释，理解地理现象的特征和关系。将分析结果与设定的标准进行比较，评估分析的符合性和有效性。对统计结果进行显著性检验，确保分析结果的可信度。

（五）结果输出

制作地图，使用地理数据展示地理现象的空间分布。利用表格、图形等方式可视化分析结果，提高可理解性。最后撰写分析报告或文档，详细描述分析步骤、方法和结果。

以上这些方面构成了空间分析的基本步骤，确保了在明确问题、准备数据、进行操作、解释结果和输出成果的过程中，分析是系统和有组织的。具体的操作步骤可以根据分析目的和数据特点进行调整和组合。

三、空间分析的分类

在 GIS 领域，对空间分析的分类存在多种观点和方法。例如，Michael Goodchild 将空间分析分为咨询式空间分析和产生式空间分析两大类。咨询式空间分析旨在回答用户的问题，它不改变空间数据库数据，不产生新的空间实体和数据。用户根据需要明确提出查询要求，系统根据查询结果执行相应的空间分析操作。产生式空间分析是基于事先设定的规则、模型或算法，通过这些规则生成新的地理信息或模拟地理过程。它不需要用户明确提出查询要求，系统根据设定的规则主动产生地理信息。本书从方法的角度将空间分析分为以下几类。

1. 量算分析

量算分析是对地理对象进行度量和测量的过程，它涉及测量长度、面积、体积等地理量，并提供精确的度量结果。量算分析通常使用地理坐标系统和度量单位进行计算，提供地理要素的准确尺寸信息。

2. 空间查询分析

空间查询分析是根据特定的空间条件和属性条件，从地理数据库中检索和提取地理数据的过程。通过设置查询条件，用户可以获取符合特定要求的地理信息，如选择特定区域的地物或满足一定属性条件的数据。

3. 空间统计分析

空间统计分析涉及对地理数据的统计描述和分析，包括计算描述性统计量、分布统计、空间自相关分析等。空间统计分析帮助识别地理现象的模式和趋势，以及了解地理数据的空间变异性。

4. 叠加分析

叠加分析是将多个地理数据集按照其空间位置进行叠加，并生成新的结果数据集的过程。这种分析可用于查找地理数据之间的关系，例如确定两个地理要素的交集、并集等。

5. 缓冲区分析

缓冲区分析是在地理要素周围创建固定宽度的缓冲区，以识别和分析邻近地理要素的空间关系。常见的应用包括确定某一地点周围的影响区域、分析资源的覆盖范围等。

6. 网络分析

网络分析是在网络结构上进行路径、距离和服务区域等的分析，常用于交通规划、物流优化等领域，以帮助找到最短路径、分析服务范围等。

7. 其他分析

除以上分析方法外，还有其他空间分析方法，如空间插值、空间建模、地理加权回归等。这些方法涉及更复杂的地理模型和算法，用于解释地理现象、预测未来变化等。

以上这些空间分析方法代表了 GIS 领域中常见的操作和技术，每种方法都有其独特的应用场景和优势。在实际应用中，根据具体问题选择合适的分析方法是至关重要的。

第二节 缓冲区分析

一、缓冲区分析的概念

缓冲区分析是城市 GIS 的重要空间功能之一，它在城市规划和管理中有着广泛的应用。例如，假定公园选址要求靠近河流湖泊，或者垃圾场的选址要求在城市范围一定距离之外，都需要依靠缓冲区分析。

缓冲区是指为了识别某一地理实体或空间物体对其周围地物的影响度而在其周围建立的具有一定宽度的带状区域。缓冲区分析是指根据分析对象的点、线、面实体，自动建立其周围一定距离的带状区，用以识别这些实体或者主体对邻近对象的辐射范围或者影响程度，是解决邻近度问题的空间分析工具之一。邻近度描述了地理空间中两个地物距离相近的程度。图 5.2 列举了 ArcGIS 中缓冲区分析的一般工具。

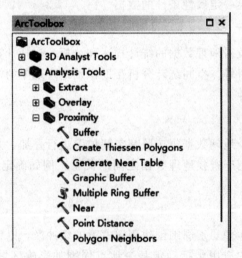

图 5.2 ArcGIS 中缓冲区分析的一般工具

从数学的角度看，缓冲区分析的基本思想是给定一个空间对象或集合，确定其邻域，邻域的大小由邻域半径 R 决定。

因此对象 O_i 的缓冲区定义为

$$B_i = \{x \mid d(x, O_i) \leqslant R\} \tag{5.1}$$

其中，B_i 为距 O_i 的距离小于或等于 R 的全部点的集合，即半径为 R 的对象 O_i 的缓冲区；d 一般指最小欧氏距离，但也可以为其他定义的距离。

二、缓冲区的类型

缓冲区的形态多种多样，主要依据缓冲区建立的条件来确定。缓冲区根据其形态，可以分为三种类型，分别是点缓冲区、线缓冲区和面缓冲区，不同形态的缓冲区可满足不同的应用要求（见表5.1、图5.3～图5.5）。

表 5.1 缓冲区的类型

缓冲区类型	含义	形状	举例
点缓冲区	以点为圆心、以一定距离为半径的圆	圆形、环形	震中周围的灾区
线缓冲区	以线为中心轴线、距中心轴线一定距离的平行条带多边形	双侧对称、双侧不对称、单侧缓冲区	交通要道两侧的高噪声带
面缓冲区	面实体边界向外或向内扩展一定距离生成的新多边形	内侧缓冲区、外侧缓冲区	湖泊周围的潮湿地带

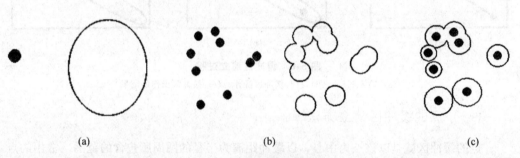

图 5.3 点状要素的缓冲区
（a）单点形成的缓冲区；（b）点群形成的缓冲区；（c）分级点形成的缓冲区

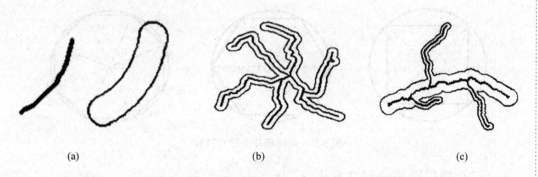

图 5.4 线状要素的缓冲区
（a）单线形成的缓冲区；（b）多线形成的缓冲区；（c）分级线形成的缓冲区

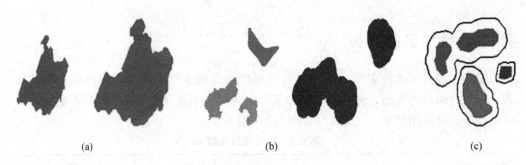

图 5.5 面状要素的缓冲区

(a) 单一面形成的缓冲区；(b) 多个面形成的缓冲区；(c) 分级面形成的缓冲区

三、缓冲区的建立方法

在 ArcGIS 中建立缓冲区的方法是基于生成多边形来实现的，它根据给定的缓冲区距离，在点状、线状和面状要素的周围形成缓冲区多边形图层（见图 5.6）。

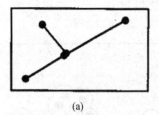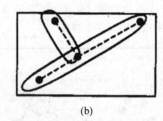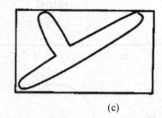

图 5.6 缓冲区建立过程

(a) 输入图层；(b) 进行缓冲区操作；(c) 缓冲区操作的结果

（一）点的缓冲区建立方法

点的缓冲区就是以该点为中心，以缓冲距离为半径的圆周所包含的范围。常用的点缓冲区生成算法为圆弧步进拟合法，该方法将圆心角等分成若干份，用等长的弦来替代圆弧，用直线代替曲线，用均匀步长的等线段来逐渐逼近圆弧段，如图 5.7 所示。

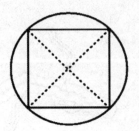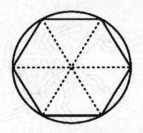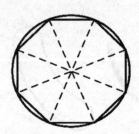

图 5.7 点的缓冲区建立过程

（二）线的缓冲区建立方法

线的缓冲区就是沿线向两侧扩展相应的缓冲距离，两侧的缓冲距离可以相同也可以不同，常用的线缓冲区算法包括角平分线法和凸角圆弧法。

1. 角平分线法

首先对边线作平行线，然后在线状要素的首尾点处，作其垂线并按缓冲区半径 r 截出左右边线的起止点。在其他折点处，用与该点相关联的两段相邻线段的平行线的交点来确定（见图5.8）。

该方法的缺点是在折点处无法保证双线的等宽性，而且当折点处的夹角越大时，d 的距离就越大，误差也越大，所以要有相应的补充判别方案来进行校正处理。

2. 凸角圆弧法

首先对边线作平行线，然后在线状要素的首尾点处，作其垂线并按缓冲区半径 r 截出左右边线的起止点，再以 r 为半径，分别以首尾点为圆心，以垂线截出的起止点为圆弧的起点和终点作半圆弧。在其他折点处，首先判断该点的凹凸性，在凸侧用圆弧弥合，在凹侧用与该点相关联的两段相邻线段的平行线的交点来确定（见图5.9）。

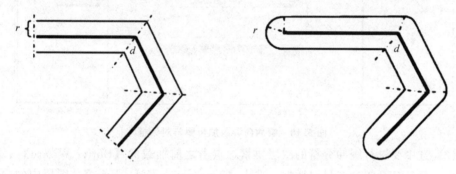

图5.8 角平分线法　　图5.9 凸角圆弧法

（三）面的缓冲区建立方法

由于面要素实际上是由其边界线围绕而成的，因此面的缓冲区算法就是线的缓冲区算法。不同之处在于，面要素缓冲区的建立方法一般是单线问题，即在非孔洞多边形的外侧形成缓冲区，在孔洞多边形的内侧也会形成缓冲区，在环形多边形的内外侧边界都可形成缓冲区。非孔洞多边形是一种没有内部孔洞或孔洞的封闭几何形状，孔洞多边形是具有一个或多个内部孔洞的多边形。

四、缓冲区的建立操作

ArcGIS 中建立缓冲区有两种方法：使用缓冲区向导建立和使用缓冲区工具建立。需要注意的是，做缓冲区分析必须将文件的坐标系定义或者投影为投影坐标系，使用地理坐标系下的文件进行的缓冲区分析是无效的，甚至是无法用工具进行正常操作的。点、线、面的缓冲区创建过程类似，本书以点要素的缓冲区创建为例。

（一）使用缓冲区向导建立缓冲区

（1）在地图窗口上方的菜单栏中单击【Customize】（自定义），选择【Customize Mode】（自定义模式），打开自定义对话框，切换到【Commands】（命令）选项卡，在【Categories】（类别）栏中选择【Tools】（工具），在【Commands】栏中选择【Buffer Wizard】（缓冲向导），并按住鼠标左键将其拖到窗口的工具栏中（见图5.10）。

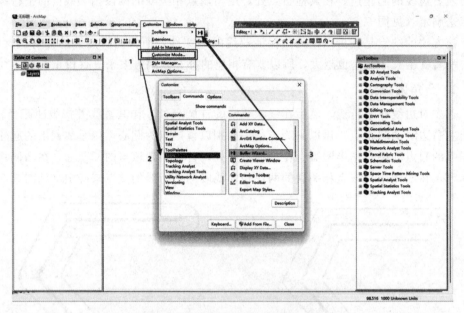

图 5.10　缓冲向导添加步骤与对话框

（2）选中要进行缓冲分析的图层要素，点击之前加载的【Buffer Wizard】（缓冲向导）工具，打开缓冲向导对话框，选中【The features of a layer】（图层中的要素）按钮，并在下拉选项中选择需要创建缓冲区的要素图层，如果只对选择的图层要素创建缓冲区分析的话，就勾选下面的【Use only the selected features】（仅使用所选要素）选项，设置完成后点击进入下一步（见图5.11）。

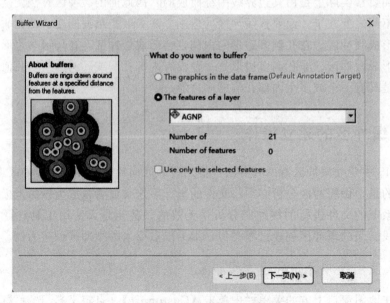

图 5.11　缓冲区分析对象选择对话框

（3）在对话框中，设置缓冲距离大小与单位，距离设置有三种方式。

【At a specified distance】（以指定的距离）：手动输入缓冲区距离，如图 5.12 所示。

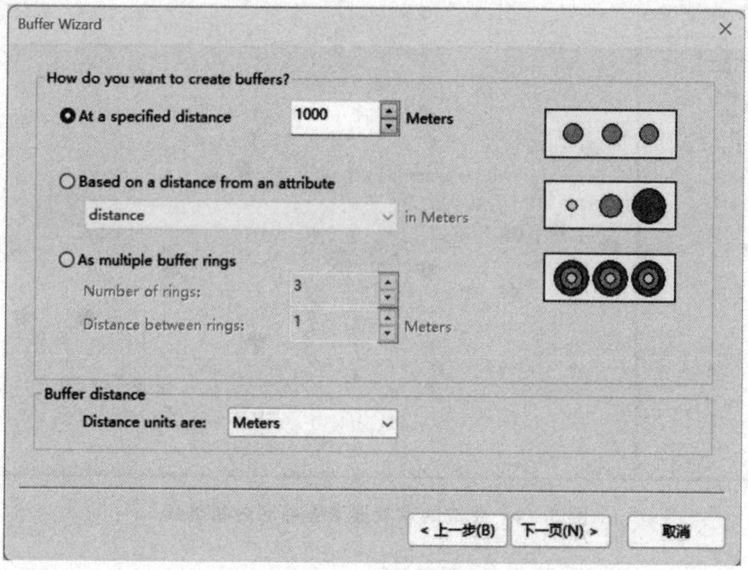

图 5.12 缓冲区分析建立类型选择对话框

【Based on a distance from an attribute】（基于来自属性的距离）：使用要素中某个字段的值作为缓冲区距离。

【As multiple buffer rings】（作为多缓冲区圆环）：创建多环缓冲区。

设置完成后点击进入下一步。

（4）在对话框中，设置缓冲输出类型及输出文件保存位置。为面要素创建缓冲区时，【Create buffers so they are】（创建缓冲区使其）区域才会被激活（见图 5.13）。

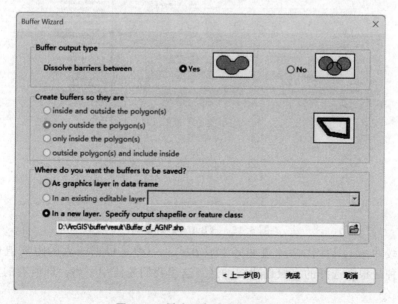

图 5.13 缓冲区存放选择对话框

(5) 点击完成，得到结果（见图 5.14）。

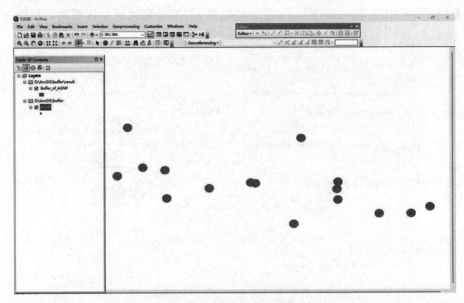

图 5.14　生成的点状要素缓冲区分析结果

（二）使用缓冲区工具建立缓冲区

(1) 打开【ArcToolbox—Analysis Tools—Proximity—Buffer】工具，选择【Input Features】（输入要素）为进行缓冲区计算的要素，【Output Feature Class】（输出要素）为生成的缓冲区计算结果（见图 5.15）。

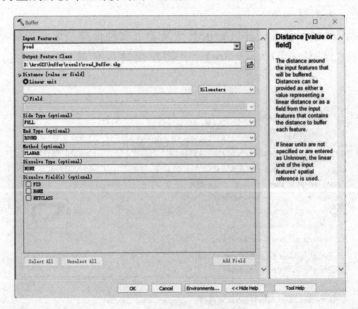

图 5.15　【Buffer】对话框

(2) 缓冲区工具提供两种缓冲区生成方式：一种是根据输入的距离值创建缓冲区；另一种是根据选择的字段创建缓冲区。这里我们先使用距离，即所有的点的缓冲区半径一致，以每个行政地名为中心，建立1000米的圆形缓冲区，效果如图5.16所示。再根据点的distance属性值，设置不同的缓冲区半径，以distance字段设置半径（见图5.17），效果如图5.18所示。

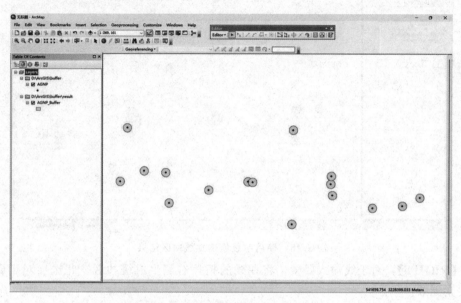

图 5.16　使用距离值建立缓冲区结果

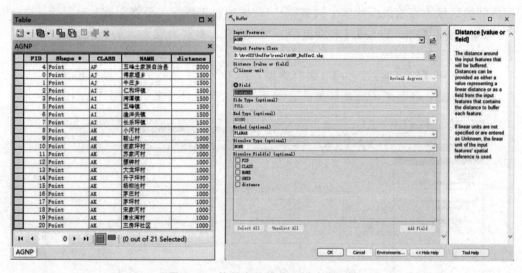

图 5.17　使用字段值建立缓冲区设置

（3）选项【Side Type】（侧类型）可以设置在输入要素的哪一侧进行缓冲，适用于输入要素为线要素或是面要素的情况。

【FULL】：对于线输入要素，将在线两侧生成缓冲区；对于面输入要素，将在面周围生成缓冲区，并且这些缓冲区将包含并叠加输入要素的区域；对于点输入要素，将在点周围生成缓冲区，这是默认设置。

【LEFT】：对于线输入要素，将在线的拓扑左侧生成缓冲区。此选项对于面输入要素无效。

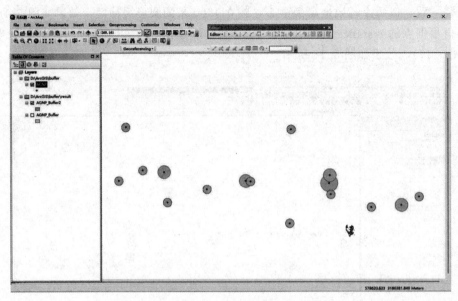

图 5.18 使用字段值建立缓冲区结果

【RIGHT】：对于线输入要素，将在线的拓扑右侧生成缓冲区。此选项对于面输入要素无效。

【OUTSIDE_ONLY】：对于面输入要素，仅在输入面的外部生成缓冲区（输入面内部的区域将在输出缓冲区中被擦除）。此选项对于线输入要素无效。

（4）选项【End Type】（末端类型），针对输入要素为线要素的情况，可决定线要素末端的缓冲区形状。

（5）选项【Dissolve Type】（融合类型）用于指定要执行的融合操作类型。

【NONE】：各要素的缓冲区彼此之间相互独立，互不干扰（见图 5.19）。

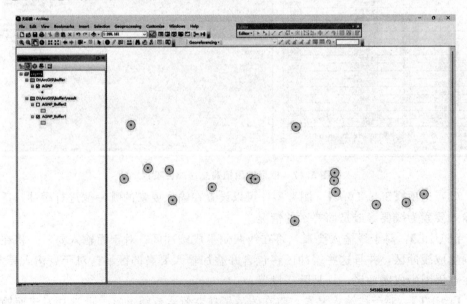

图 5.19 互不干扰的缓冲区的建立

【ALL】：将所有的缓冲区融合为一个要素，移除所有的重叠（见图5.20）。

【LIST】：根据输入要素字段的属性值融合缓冲区，可在【Dissolve Field（s）】（融合字段）进行选择。

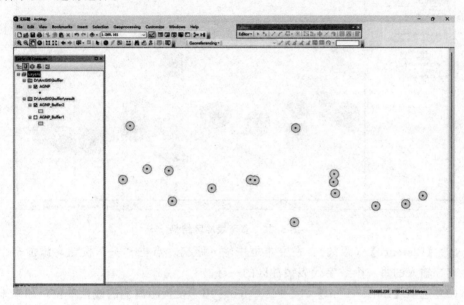

图 5.20　移除重叠的缓冲区的建立

（三）使用多环缓冲区工具建立缓冲区

（1）打开【ArcToolbox—Analysis Tools—Proximity—Multiple Ring Buffer】工具（见图5.21），选择【Input Features】（输入要素）为进行缓冲区计算的要素，【Output Feature Class】（输出要素）为生成的缓冲区计算结果（见图5.22）。

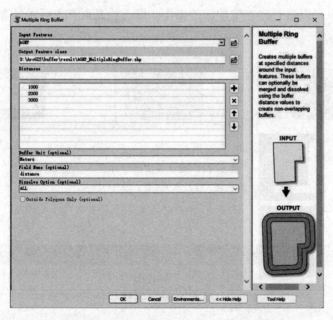

图 5.21　【Multiple Ring Buffer】对话框

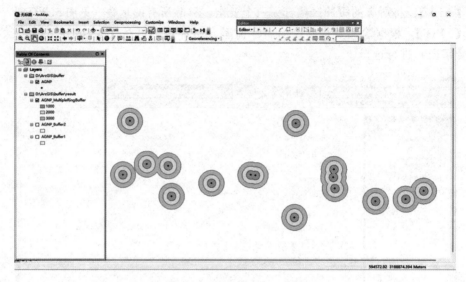

图 5.22 多环缓冲区结果

（2）【Distance】（距离）：在文本框中输入距离，点击"＋"按钮，添加多个缓冲距离，输入的每一个数字代表缓冲区的一环。

（3）选项【Buffer Unit】（缓冲区单位）：用于设置距离值的线性单位，如果未指定，将使用输入要素空间参考的线性单位。

（4）选项【Field Name】（字段名）：可以指定输入要素中用于存储缓冲区距离的字段名称，默认字段名称为 distance。

以上是点状要素缓冲区建立的操作步骤。对于线状要素的缓冲区来说，要素的空间形态不同，使得缓冲区的形状不同，但是缓冲区的类型是一样的。它们同样可以进行普通、分级、属性权值和独立缓冲区的建立，且建立的操作步骤与点状要素的一样。面状要素也可以进行建立缓冲区的操作，但面状要素有内缓冲区和外缓冲区之分（见图 5.23）。

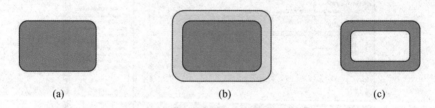

图 5.23 面状要素的缓冲区
(a) 原始面；(b) 外缓冲区；(c) 内缓冲区

专栏 5.3

缓冲区分析实例

1. 已知一伐木公司获准在某林区采伐，为防止水土流失，有关部门规定不得在河流周围 1 km 内采伐林木。另外，为便于运输，该公司决定将采伐区定在道路周围 2 km 之内。请找出符合上述条件的采伐区，输出森林采伐图。

2. 已知一湖泊，在它周围 5000 m 内禁止任何污染性工业企业存在，在它周围 500 m 内禁止建设任何永久性建筑物。

第三节 叠置分析

一、基本概念

叠置分析（overlay analysis）是 GIS 中常用的空间分析方法，在各个领域都得到了广泛的应用。在城市规划中，可以通过叠置不同土地用途、道路网络和人口分布等数据，优化城市布局；在环境保护中，可以通过叠置自然保护区、水体分布和污染源等数据，进行生态环境监测和管理；在农业领域，可以通过叠置土壤类型、气象条件和作物分布等数据，实现精准农业管理。这些应用领域表明空间叠置分析在解决实际问题中具有广泛的适用性。

叠置分析是将同一地区两个或两个以上图层进行叠合，以建立地理对象之间的空间对应关系，或产生空间区域的多重属性特征。前者称为空间合成叠加，后者称为空间统计叠加。叠置分析要求被叠加的要素层面必须是基于相同坐标系统的相同区域。

根据叠加的方式和参与叠加的要素不同，叠置分析可以分为矢量叠置和栅格叠置两种类型。矢量数据的叠置分析又可以分为点与多边形叠置、线与多边形叠置以及多边形叠置三种情况。栅格数据的叠置分析可以分为地图代数和重分类两种。以下就这几种形式分别介绍叠置分析的操作。

二、矢量叠置分析

（一）概念

矢量叠置分析是指将同一区域的、具有正确的空间坐标系统的两个或多个不同主题的矢量数据图层进行逻辑上的交、差、并等拓扑运算，生成一个具有多重属性的新图层的过程。

（二）矢量叠置的类型

矢量叠置分析涉及点、线、面不同类型的地理要素之间的空间关系，因此可以产生点与点、点与线、点与多边形、线与线、线与多边形、多边形与多边形等六种不同的叠加类型。其中，点与多边形、线与多边形、多边形与多边形三种叠加在实际分析中应用广泛，因此本书主要介绍这三种类型的叠加分析。

1. 点与多边形叠加

点与多边形叠加是将输入图层上的点要素与叠加图层上的多边形要素进行空间叠加，输出结果为点要素。点与多边形叠加的实质是计算多边形对点的包含关系，判断各个点的归属。在完成点与多边形的几何关系计算后，还要进行属性信息处理。例如，在确定自动取款机属于哪个居民区或某一居民区包括哪些自动取款机时，将自动取款机的点图层与居民区的多边形图层进行叠加操作（见图5.24），然后对叠加后数据的属性进行统计即可得到所需的结果（见图5.25）。

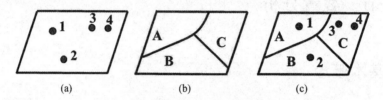

图 5.24　点与多边形的叠加

(a) 自动取款机；(b) 居民区；(c) 叠加后生成的点

point	取款机名称	poly	居民区	point	name	poly	poly	name	point
1	农行取款机	A	进德小区	1	农行取款机	A	A	进德小区	1
2	建行取款机	B	阳光小区	2	建行取款机	B	B	阳光小区	2
3	农行取款机	C	花园小区	3	农行取款机	C	C	花园小区	3,4
4	商行取款机			4	商行取款机	C			
(a)		(b)		(c)			(d)		

图 5.25　点与多边形叠加前后的属性

(a) 取款机属性；(b) 居民区属性；(c) 叠加后属性按取款机名称排序；(d) 叠加后属性按居民区名称排序

2. 线与多边形叠加

线与多边形的叠加是将输入图层上的线要素与叠加图层上的多边形要素进行空间叠加，输出结果为线要素。线与多边形的叠加通过比较线上坐标与多边形坐标的关系，判断线是否落在多边形内。叠加后每条线被它穿过的多边形打断成新弧段，要将原线和多边形的属性信息一起赋给新弧段。例如，将铁路线图层与行政区多边形进行叠加，若铁路穿越多个行政区，行政区分界线就会将铁路分成多个弧段，可以计算每个多边形内的铁路总长度、铁路网密度，以及查询铁路跨越哪些省份等（见图5.26、图5.27）。

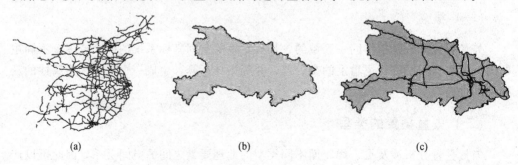

图 5.26　线与多边形的叠加

(a) 铁路；(b) 湖北省行政区划图；(c) 湖北省内铁路

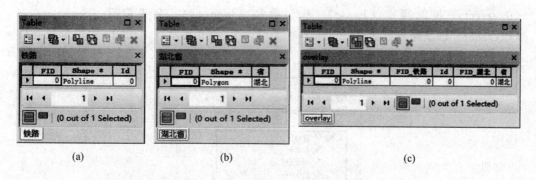

图 5.27 线与多边形叠加前后的属性
(a) 铁路的属性；(b) 行政区的属性；(c) 叠加结果的属性

3. 多边形与多边形的叠加

多边形叠加是将两个或多个多边形要素进行叠加，原来多边形要素分割成新要素，新要素综合了原来两层或多层的属性。多边形叠加过程可以分为几何求交和属性分配两个步骤。第一，几何求交，先求出所有多边形边界线的交点，再根据这些点重新进行多边形拓扑运算；第二，属性分配，即对新生成的拓扑多边形图层的每个对象赋予唯一的标识码，同时生成一个与新多边形一一对应的属性表，表中继承了叠加前各多边形要素的属性数据。例如，将居民区多边形与同一地区污染分级图进行叠加分析，得到各个居民区的污染分级情况（见图5.28、图5.29）。

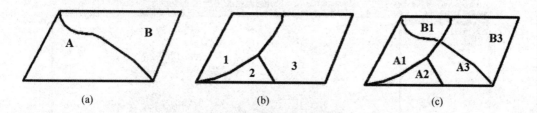

图 5.28 多边形与多边形的叠加
(a) 居民区；(b) 污染分级图；(c) 叠加后生成的多边形

叠加区	居民区 ID	污染分级
A1	A	1
A2	A	2
A3	A	3
B1	B	1
B3	B	3

(a)

污染分级
1
2
3

(b)

居民区 ID
A
B

(c)

图 5.29 多边形与多边形叠加前后的属性
(a) 居民区的属性；(b) 污染分级的属性；(c) 叠加结果的属性

（三）矢量叠加的方法

矢量叠加方法可以分为空间连接（Spatial Join）、图层联合（Union）、相交操作

(Intersect)、擦除操作（Erase）、标识叠加（Identity）、交集取反（Symmetrical Difference）以及修正更新（Update）等类型。图 5.30 显示了 ArcGIS 中矢量数据叠加分析的几种不同方法。

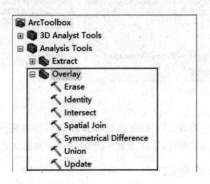

图 5.30　ArcGIS 中矢量叠加的工具

1. 空间连接

空间连接是指根据空间关系将一个要素类的属性连接到另一个要素类的属性。目标要素和来自连接要素的被连接属性写入输出要素类。

例如，为统计各地级市包含的水库数量，可以使用空间连接功能，将水库图层与行政区图层进行连接（见图 5.31）。

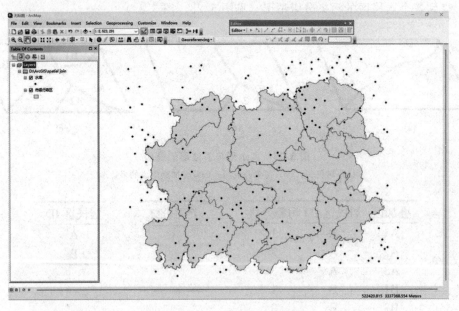

图 5.31　水库与市级行政区图层

空间连接操作步骤如下。

（1）打开【ArcToolbox—Analysis Tools—Overlay—Spatial Join】工具，选择【Target Features】（目标要素）为需要添加要素属性数据的图层，这里选择市级行政区图层；【Join Features】（连接要素）为提供相关属性数据的要素图层，这里选择水库图层；【Output Feature Class】（输出要素类）为结果存放的位置（见图 5.32）。

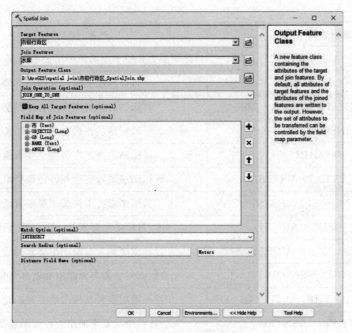

图 5.32　空间连接对话框

（2）可选项【Join Operation】（连接操作），用于指定输出要素类中目标要素和连接要素之间的连接方式，包含【JOIN-ONE-TO-ONE】（一对一）和【JOIN-ONE-TO-MANY】（一对多）两种方式。一对一表示如果找到与目标要素存在相同关系的多个连接要素，将使用字段映射合并规则对多个连接要素中的属性进行合并；一对多表示如果找到多个与同一个目标要素存在相同空间关系的连接要素，输出要素类将包含目标要素的多个记录。

（3）可选项【Keep All Target Features】（保留所有目标要素），用于指定保留所有目标要素还是仅保留与连接要素有空间关系的目标要素。

（4）可选项【Field Map of Join Features】（连接要素的字段映射），是指需要保留的字段数据，可以对包括目标要素和连接要素图层中的所有字段数据进行添加、删除、重命名等操作。

（5）可选项【Match Option】（匹配选项）和【Search Radius】（搜索半径），用于确定当目标要素和连接要素存在什么样的空间关系以及距离范围时才进行匹配。此例中选择【INTERSECT】。

主要的地理处理工具及含义如表 5.2 所示。

表 5.2　地理处理工具及含义

地理处理工具	选择/按位置选择
INTERSECT	目标图层要素与源图层要素相交
INTERSECT_3D	目标图层要素与源图层要素相交（3D）
WITHIN_A_DISTANCE_GEODESIC	该选项不可用
WITHIN_A_DISTANCE	目标图层要素位于距离源图层要素的某一范围内

续表

地理处理工具	选择/按位置选择
WITHIN _ A _ DISTANCE _ 3D	目标图层要素位于距离源图层要素的某一范围（3D）内
CONTAINS	目标图层要素包含源图层要素
COMPLETELY _ CONTAINS	目标图层要素完全包含源图层要素
CONTAINS _ CLEMENTINI	目标图层要素包含源图层要素
WITHIN	目标图层要素在源图层要素范围内
COMPLETELY _ WITHIN	目标图层要素完全在源图层要素范围内
WITHIN _ CLEMENTINI	目标图层要素在源图层要素范围内
ARE _ IDENTICAL _ TO	目标图层要素与源图层要素相同
BOUNDARY _ TOUCHES	目标图层要素与源图层要素的边界相接
SHARE _ A _ LINE _ SEGMENT _ WITH	目标图层要素与源图层要素具有公共线段
CROSSED _ BY _ THE _ OUTLINE _ OF	目标图层要素与源图层要素的轮廓交叉
HAVE _ THEIR _ CENTER _ IN	目标图层要素的质心在源图层要素内

（6）设置好空间连接参数后，点击【OK】，然后等待数据生成，完成后，会添加一个新的图层。本例分别使用一对一连接和一对多连接进行操作，匹配选项设置为“INTERSECT”，得到的结果如图 5.33、图 5.34 所示。

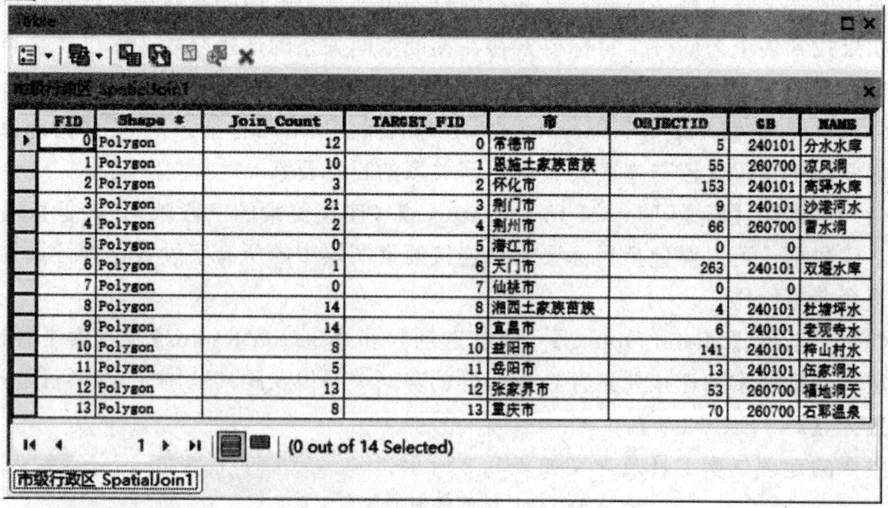

FID	Shape *	Join_Count	TARGET_FID	市	OBJECTID	GB	NAME
0	Polygon	12	0	常德市	5	240101	分水水库
1	Polygon	10	1	恩施土家族苗族	55	260700	凉风洞
2	Polygon	3	2	怀化市	153	240101	高驿水库
3	Polygon	21	3	荆门市	9	240101	沙港河水
4	Polygon	2	4	荆州市	66	260700	雷水洞
5	Polygon	0	5	潜江市	0	0	
6	Polygon	1	6	天门市	263	240101	双堰水库
7	Polygon	0	7	仙桃市	0	0	
8	Polygon	14	8	湘西土家族苗族	4	240101	杜塘坪水
9	Polygon	14	9	宜昌市	6	240101	老观寺水
10	Polygon	8	10	益阳市	141	240101	梓山村水
11	Polygon	5	11	岳阳市	13	240101	伍家洞水
12	Polygon	13	12	张家界市	53	260700	福地洞天
13	Polygon	8	13	重庆市	70	260700	石耶温泉

图 5.33　一对一连接方式生成的叠加结果

2. 图层联合

图层联合是指将输入图层与叠加图层的空间范围联合起来，保留输入图层和叠加图层中的所有图形信息和属性信息。该操作的逻辑表达式为“输入图层∪叠加图层”，并要求两个图层的几何特性必须全部为多边形，如图 5.35 所示。

笔记

Table

市级行政区_SpatialJoin2

FID	Shape *	Join_Count	TARGET_FID	JOIN_FID	市	OBJECTID	GB	NAME
0	Polygon	1	0	4	常德市	5	240101	分水水库
1	Polygon	1	0	26	常德市	59	260700	龙门洞
2	Polygon	1	0	46	常德市	79	260800	穿窖井
3	Polygon	1	0	47	常德市	80	260800	丹砂井
4	Polygon	1	0	71	常德市	152	240101	竹园水库
5	Polygon	1	0	73	常德市	154	240101	唐家桥河叉
6	Polygon	1	0	74	常德市	155	240101	仁如冲水库
7	Polygon	1	0	87	常德市	170	240101	烂山水库
8	Polygon	1	0	116	常德市	199	240101	五溪水库
9	Polygon	1	0	130	常德市	214	240101	会人溪水库
10	Polygon	1	0	182	常德市	271	240101	钱家冲水库
11	Polygon	1	0	184	常德市	273	240101	中军渡水库
12	Polygon	1	1	22	恩施土家族苗族	55	260700	凉风洞
13	Polygon	1	1	24	恩施土家族苗族	57	260700	龙洞
14	Polygon	1	1	25	恩施土家族苗族	58	260700	龙洞
15	Polygon	1	1	43	恩施土家族苗族	76	260700	由水泉
16	Polygon	1	1	111	恩施土家族苗族	194	240101	罗坡坝水库
17	Polygon	1	1	150	恩施土家族苗族	236	240101	大龙潭水库
18	Polygon	1	1	153	恩施土家族苗族	239	240101	老渡口水库
19	Polygon	1	1	198	恩施土家族苗族	288	240101	龙洞水库
20	Polygon	1	1	199	恩施土家族苗族	289	240101	新峡水库
21	Polygon	1	1	200	恩施土家族苗族	290	240101	小河水库

1 (0 out of 113 Selected)

市级行政区_SpatialJoin2

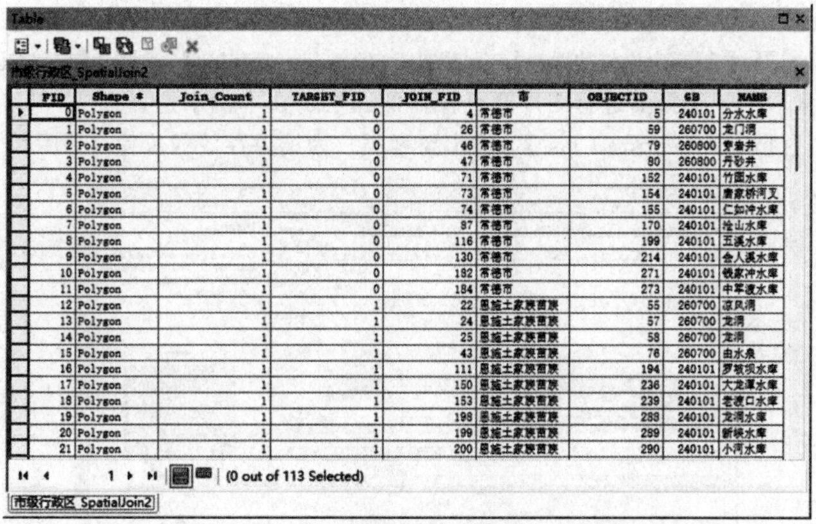

图 5.34 一对多连接方式生成的叠加结果

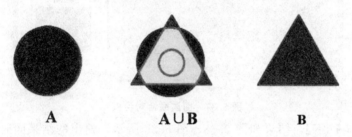

图 5.35 图层联合图解

例如，为统计某地区耕地面积的变化，可以使用图层联合功能，将 2010 年的耕地数据与 2020 年的数据进行“图层联合”，即可得出 10 年间哪些是未发生变化的耕地，哪些是被占用的耕地，哪些是新增的耕地（见图 5.36）。

图 5.36 某地区 2010 年和 2020 年的耕地图层

笔记

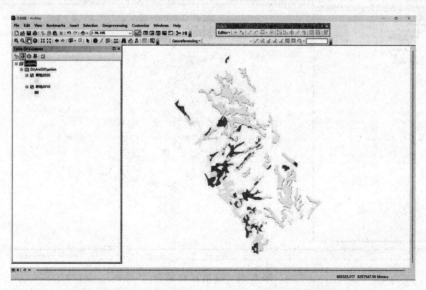

图层联合操作步骤如下。

(1) 打开【ArcToolbox—Analysis Tools—Overlay—Union】工具,【Input Features】(输入要素)用于选择要进行图层联合操作的图层,在本例中选择 2010 年和 2020 年的耕地,【Output Feature Class】(输出要素类)为结果存放的位置(见图 5.37)。

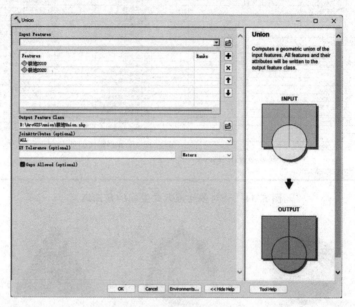

图 5.37 图层联合对话框

(2) 点击【OK】,结果如图 5.38、图 5.39 所示。输出的结果同时包含了 2010 年的耕地和 2020 年的耕地,同时区分了哪些是 2020 年新增的耕地、哪些是 2010 年被占用的耕地以及哪些是这 10 年间不变的耕地。

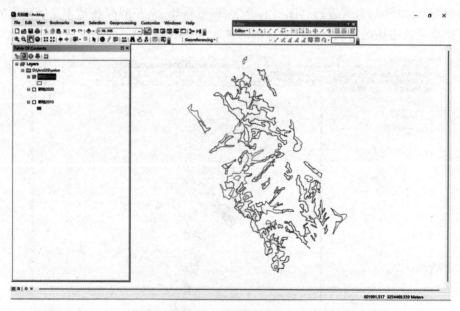

图 5.38 图层联合结果

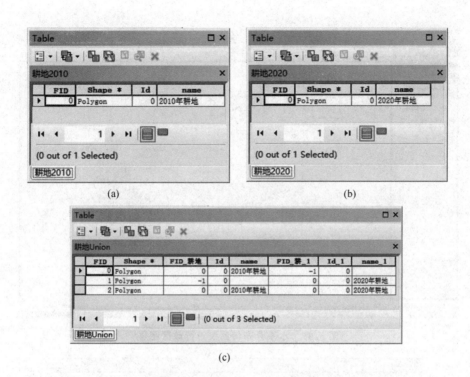

图 5.39 图层联合操作前后的属性

(a) 2010 年耕地属性；(b) 2020 年耕地属性；(c) 图层联合后的属性

3. 相交操作

相交操作是指通过叠置处理得到两个图层的共同部分，其余部分将被消除，并且综合所有叠加图层的属性。该操作的逻辑表达式为"输入图层∩叠加图层"。由于点、线、面三种要素都有可能获得交集，因此它们的交集共有点与点、点与线、点与面、线与线、线与面、面与面以及点、线、面三者相交等七种情形。如图 5.40 所示。

图 5.40 相交操作图解

例如，要知道武汉市的水系分布，可以将武汉市的行政区与湖北省的水系分布数据进行"相交叠加"，即可找出既位于武汉市内又是水域的区域（见图 5.41）。

相交操作步骤如下。

（1）打开【ArcToolbox—Analysis Tools—Overlay—Intersect】工具，【Input Features】（输入要素）可以加入多个需要进行相交计算的图层，本例中选择湖北省的水系分布图和武汉市的行政区划图（见图 5.42）。

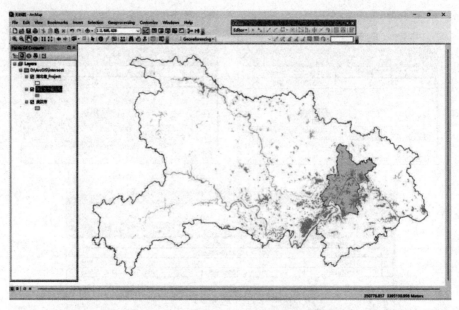

图 5.41　水系分布与武汉市行政区图层

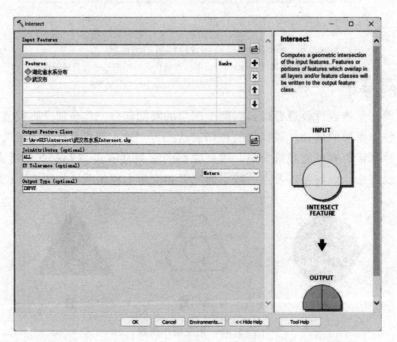

图 5.42　相交操作对话框

(2) 可选项【Output Type】（输出类型）提供了三个选择。

INPUT：输出结果的几何类型是输入图层中最低维数的几何形态。

LINE：输出结果的几何类型为线（仅输入要素中不包含点要素时生效）。

POINT：输出结果的几何类型为点（当输入要素的集合类型为线或面时，输出要素为多点要素）。

(3) 点击【OK】，结果见图 5.43。

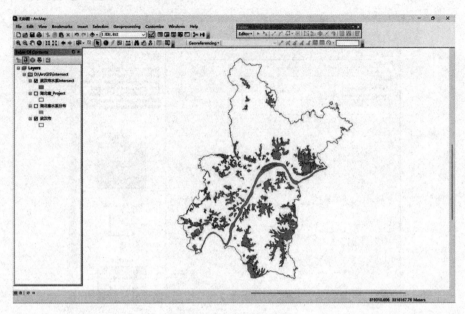

图 5.43　相交操作结果

4. 擦除操作

擦除操作是指根据擦除要素的范围大小，擦除叠加的图层所覆盖的输入图层内的要素，输出层保留以第二个图层为控制边界之外的所有要素。擦除要素可以为点、线或面，只要输入要素的要素类型等级与之相同或更低即可。面擦除要素可用于擦除输入要素中的面、线或点；线擦除要素可用于擦除输入要素中的线或点；点擦除要素仅用于擦除输入要素中的点。该操作的逻辑表达式为"输入图层－（输入图层∩叠加图层）"，如图 5.44 所示。

图 5.44　擦除操作图解

擦除操作的操作步骤如下。

打开【ArcToolbox—Analysis Tools—Overlay—Erase】工具，【Input Features】（输入要素）为输入要素类或图层，【Erase Features】（擦除要素）为用于擦除重叠输入要素的要素，设置如图 5.45 所示。

5. 标识叠加

标识叠加是指将输入图层与标识叠加对象进行相交操作，输入对象中与标识对象叠加的部分也获得了标识叠加对象的属性信息，其他部分保持不变。该操作的逻辑表达式为"输入图层∪（输入图层∩叠加图层）"，输入图层可以是点、线或面，标识图层必须是面要素，或与输入要素的几何类型相同，输出图层的性质与输入图层一致，如图 5.46 所示。

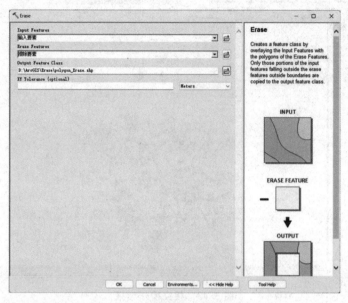

图 5.45 擦除操作对话框

图 5.46 标识叠加图解

例如，在进行耕地资源评价时，将耕地数据与土壤数据进行"标识叠加"，从而可以知道每块耕地的土壤类型（见图 5.47、图 5.48）。

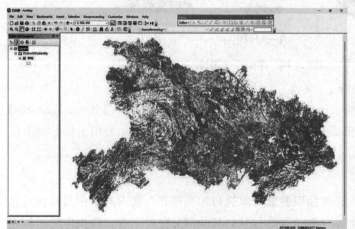
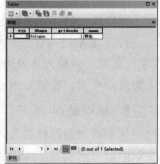

图 5.47 耕地数据及属性表

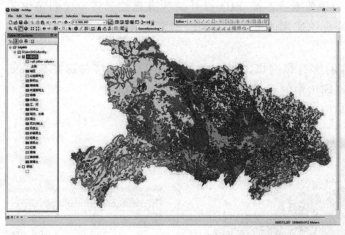

图 5.48 土壤类型数据及属性表

标识叠加操作步骤如下。

（1）打开【ArcToolbox—Analysis Tools—Overlay—Identity】工具。【Input Features】（输入要素）为输入要素类或图层，本例中选择耕地图层为输入要素；【Identity Features】（标识要素）为标识要素类或图层，本例中选择土壤类型图层为标识要素（见图 5.49）。

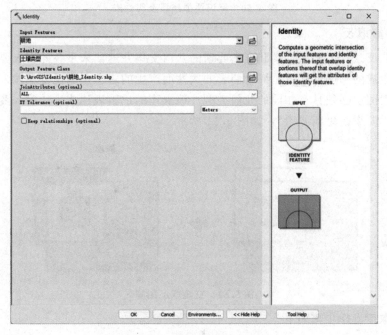

图 5.49 标识叠加对话框

（2）可选项【Join Attributes】（连接属性）用于确定哪些属性将传递到输出要素类中，有如下几种选择。

ALL：输入要素与标识要素的所有属性（包括 FID）都将传递到输出要素。如果未找到任何交集，则标识要素值不会传递到输出要素（其值将设置为空字符串或 0），并且标识要素 FID 将为 −1，这是默认设置。

NO_FID：输入要素和标识要素中，除 FID 以外的所有属性都将传递到输出要素。如果未找到任何交集，则标识要素值不会传递到输出要素（其值将设置为空字符串或 0）。

ONLY_FID：输入要素的所有属性以及标识要素的 FID 属性将传递到输出要素。如果未找到任何交集，则输出中的标识要素 FID 属性值将为－1。

（3）点击【OK】，结果如图 5.50 所示。

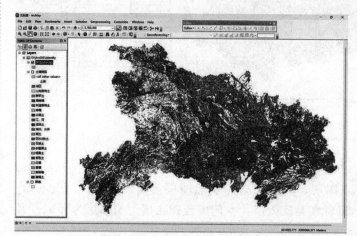

图 5.50　标识叠加结果及属性表

6. 交集取反

交集取反是计算输入要素和更新要素的几何交集并返回未重叠的输入要素和更新要素，新生成的图层属性也是综合两者的属性而产生的。交集取反要求输入和更新要素类或要素图层必须具有相同的几何类型。该操作的逻辑表达式为"输入要素∪更新要素－输入要素∩更新要素"，如图 5.51 所示。

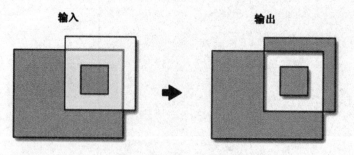

图 5.51　交集取反图解

交集取反操作步骤如下。

（1）打开【ArcToolbox—Analysis Tools—Overlay—Symmetrical Difference】工具，设置如图 5.52 所示。

（2）可选项【Join Attributes】（连接属性）用于确定哪些属性要传递到输出要素类，有以下几种选择。

ALL：输入要素的所有属性都将传递到输出要素类。这是默认设置。

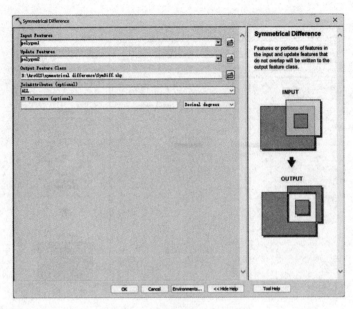

图 5.52 交集取反对话框

NO_FID：除 FID 外，将输入要素的其余所有属性都传递到输出要素类。

ONLY_FID：仅输入要素的 FID 字段将传递到输出要素类。

（3）交集取反工具对原有图层的属性值字段也进行了操作，将更新图层的属性添加到输入图层的后面，进行赋零操作。原有的更新图层添加到输入图层的那部分图形只保留了原有的更新图层的属性，而其他的属性为零。

7. 修正更新

修正更新是指对输入图层和更新图层进行几何相交的计算后，输入图层中被更新图层覆盖的那一部分的属性将被更新图层的属性代替。该操作要求输入要素和更新要素均为面，且两者的字段名称必须保持一致。如果更新要素类缺少输入要素类中的一个或多个字段，则将从输出要素类中移除缺失字段的输入要素类字段值。该操作的逻辑表达式为"［输入图层－（输入图层∩更新图层）］∪更新图层"，如图 5.53 所示。

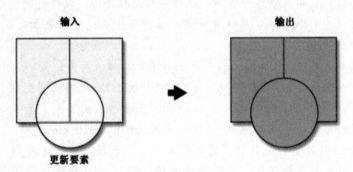

图 5.53 修正更新图解

修正更新操作步骤如下。

（1）打开【ArcToolbox—Analysis Tools—Overlay—Update】工具，设置如图 5.54 所示。

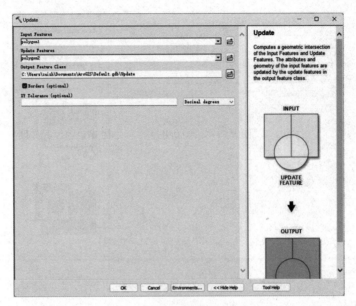

图 5.54 修正更新对话框

（2）【Input Features】为需要进行更新的要素，【Update Features】为更新输入要素时使用的要素。如果勾选【Borders】（边框），输出要素中将保留更新要素的边界。

矢量叠置分析实例

问题背景：为了在某地建立一个森林公园旅游点，需参考一定的旅游条件，假设该旅游点须满足距公路、铁路 0.5 km 以外 10 km 以内，非市区、有林地，要求在行政区划图上选出该旅游点位置，并注明面积大小。

数据源：公路及铁路分布图；森林分布及权属图；城镇行政区划图。

所涉及的 GIS 功能：属性重分类；缓冲区生成；空间叠加；面积量测；绘图输出；生成报表。

具体步骤：（1）将森林分布图分成林地及非林地两类；（2）将所有公路/铁路周围生成 0.5 km 宽的缓冲区；（3）将所有公路/铁路周围生成 10 km 宽的缓冲区；（4）空间叠加（1）、（2）、（3）三步生成的图层，生成具有不同属性的多边形林地、非林地（0.5 km 内区域；0.5～10 km 区域；10 km 外区域）；（5）将城镇行政区划图重新分类，生成市区、非市区两类；（6）叠加（4）、（5）生成的图层，得到①非林地，②林地且市区，③林地、非市区、距道路 0.5 km 内区域，④林地、非市区、距道路 0.5～10 km 区域，⑤林地、非市区、距道路 10 km 外区域，等等；（7）依约束条件，提取第④类多边形，并计算其面积；（8）与行政区划图叠加，打印输出结果。

三、栅格叠加分析

（一）概念

栅格叠加分析是 GIS 中一种常用的空间分析方法。这种分析方法涉及将两个或多个栅格图层叠加在一起，以便从中获取新的信息。栅格图层是由栅格单元组成的，每个栅格单元代表一个特定的空间区域，并包含有关该区域的信息。

栅格叠加分析的主要目的是识别、分析和模拟不同图层之间的空间关系，以便生成新的地理信息。这种分析可以用于多个领域，例如地形分析、土地覆盖变化、资源分布等。

（二）地图代数

1. 基本概念

地图代数（map algebra）是指对两个或两个以上栅格图层按照代数的方式进行的运算，它往往是栅格地图叠加运算的代名词。事实上，广义的地图代数也应包括单一栅格的局域运算。地图代数创建了代数学意义上的空间运算规则，并根据地理要素和现象运算的需求建立了很多类型的操作函数。

2. 栅格运算方法

1）算术运算

地图代数能够实现对栅格图层像元的加、减、乘、除等最基本的运算。这些运算符均可应用于整数型和浮点型数值，运算的结果依赖于输入栅格图层的数值类型。如果两个栅格图层均为整数类型，则输出结果也为整数类型，否则输出浮点型的结果数据集。该类运算具有广泛的应用场景。例如，通过减去两个时间点的数字高程模型（DEM），可以分析地表的沉降或隆起情况，如城市土地沉降的监测；或者将不同波段的栅格数据相乘，可以计算植被指数，如归一化植被指数（NDVI）可用于监测植被的健康状况。

（1）加法运算：将输入的两个栅格数据集对应位置的像元值相加（见图 5.55）。

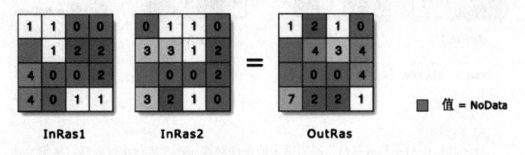

OutRas = Plus (InRas1, InRas2)

图 5.55　加法运算

（2）减法运算：将第一个栅格数据集中的像元值减去第二个数据集对应位置的像元值（见图 5.56）。

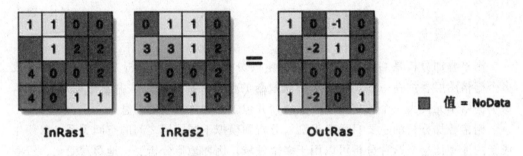

OutRas = Minus (InRas1, InRas2)

图 5.56　减法运算

（3）乘法运算：将输入的两个栅格数据集对应位置的像元值相乘（见图 5.57）。

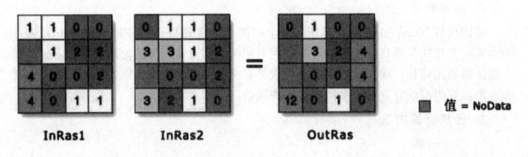

OutRas = Times (InRas1, InRas2)

图 5.57　乘法运算

（4）除法运算：将输入的两个栅格数据集对应位置的像元值相除（见图 5.58）。

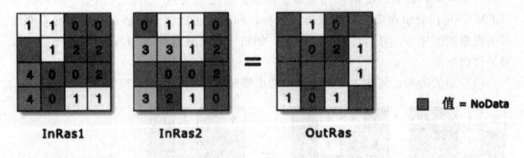

OutRas = Divide (InRas1, InRas2)

图 5.58　除法运算

2）关系运算

地图代数中的关系运算是指根据给定的条件对像元逐个进行比较运算，将符合条件的像元赋值为 1，不符合条件的赋值为 0，No Data 的像元将返回无数值。这些运算符包括：＞、＜、＝＝、＞＝、＜＝。例如，通过对数字高程模型（DEM）进行大于或小于运算，可以筛选出特定高程范围内的地表数据，用于生成高程等值线或提取山区或平原；或者通过对两个时间点的土地利用图层进行不等于运算，可以识别两个时间点之间发生变化的区域，用于监测土地利用变化。

3）布尔运算

布尔运算又称二值运算、逻辑运算，它通过运算判断一个或多个栅格图层中对应栅格值的逻辑关系来确定输出结果。若判断为真，则输出 1；判断为假，则输出 0。

（1）布尔与（AND，&）：如果两个输入值都为真（非零），则输出值为 1；如果一个或两个输入值为假（零），则输出值为 0。

（2）布尔或（OR，|）：如果一个或两个输入值为真（非零），则输出值为 1；如果两个输入值都为假（零），则输出值为 0。

（3）布尔异或（XOR，^）：如果一个输入值为真（非零），而另一个输入值为假（零），则输出值为 1；如果两个输入值都为真或都为假，则输出值为 0。

（4）布尔非（NOT，~）：对某一栅格的像元，如果输入值为真（非零），则输出值为 0；如果输入值为假（零），则输出值为 1。

4）函数运算

表 5.3 展示了常见的函数运算类型和基本用途。

表 5.3 栅格计算常用函数

类别	函数	说明
算数函数	Abs（x）	计算栅格中像元值的绝对值
	Negate（x）	逐个像元地更改输入栅格的像元值符号（乘以 -1）
	Float（x）	将每个栅格像元的值转换为浮点型表达形式
	Int（x）	通过截断将栅格的每个像元值转换为整数型
	Mod（x，y）	逐个像元地求出第一个栅格数据除以第二个栅格数据的余数（模）
	RoundDown（x）	返回栅格中每个像元的最近的较小整数值（以浮点表示）
	RoundUp（x）	返回栅格中每个像元的最近的较大整数值（以浮点表示）
三角函数	Sin（x）	正弦函数：计算栅格中各像元的正弦值
	Cos（x）	余弦函数：计算栅格中各像元的余弦值
	Tan（x）	正切函数：计算栅格中各像元的正切值
	ASin（x）	反正弦函数：计算栅格中各像元的反正弦值
	ACos（x）	反余弦函数：计算栅格中各像元的反余弦值
	ATan（x）	反正切函数：计算栅格中各像元的反正切值
指数函数	Exp（x）	计算栅格中各像元以 e 为底的指数
	Exp2（x）	计算栅格中各像元以 2 为底的指数
	Exp10（x）	计算栅格中各像元以 10 为底的指数

续表

类别	函数	说明
对数函数	Ln（x）	计算栅格中各像元的自然对数（以 e 为底）
	Log2（x）	计算栅格中各像元以 2 为底的对数
	Log10（x）	计算栅格中各像元以 10 为底的对数
幂函数	Power（x，y）	对另一个栅格中的像元值进行乘方运算，将结果作为栅格的值
	SquareRoot（x）	计算栅格中像元值的平方根
统计函数	Sum	计算数值的和
	Maximum	求最大的数值
	Minimum	求最小的数值
	Mean	计算算术平均值
	Range	计算最大值与最小值之差
	Standard Deviation	计算数值的标准差
	Majority	计算出现频率最高的数值
	Minority	计算出现频率最低的数值
	Median	求数值按照大小排列后位于中间的数值
	Variety	求像元值中不同数值的种类数
空间分析函数	Slope（x）	识别栅格中每个像元的坡度（梯度或陡度）
	Aspect（x）	从栅格表面的每个像元派生出坡向
	Hillshade	通过考虑光照源的角度和阴影，根据表面栅格创建地貌晕渲
其他函数	Con	针对输入栅格的每个输入像元执行 if/else 条件评估
	Pick	根据输入栅格值选取后续栅格值
	SetNull	根据指定条件将所识别的像元位置设置为 NoData

3. 栅格计算器

ArcGIS 中的 Raster Calculator（栅格计算器）是一个专门执行地图代数运算的工具，它可以执行从简单到复杂的多种栅格计算，在基于栅格数据的空间分析中有着非常广泛的运用。利用栅格计算器，不仅可以方便地完成算数运算、关系运算和布尔运算，还可以执行各种函数运算，包括没有出现在运算工具框中的空间分析函数。使用栅格计算器要求栅格数据必须是单个波段，多个波段只对第一个波段运算。输入数据可以是一个栅格图层，也可以是多个，当用到多个栅格图层时，要求坐标系相同且像元大小相同。

打开栅格计算器，如图 5.59 所示，可知栅格计算器由四部分组成。左上部的"图层和变量"为当前 ArcMap 视图中已加载的所有栅格数据列表，双击栅格数据名，该数据就会自动添加到下面的公式编辑器中；中间是运算符按钮，单击所需按钮，所选内容就会添加到公式编辑器中；右上部为工具选择框，包括了常用的函数，双击任何一个选项，该函数就会被添加到公式编辑器中；中间的文本框用于输入运算的表达式，可以通过单击或双击其他三个部分内容将其加入表达式中。若在表达式中手动输入图层名和运算符，则需要在图层名两侧加上英文格式的双引号，在运算符两侧加上空格。

图 5.59　栅格计算器

（三）重分类

1. 基本概念

重分类是指对栅格数据的像元值重新进行分类整理和安排，输出具有新值的栅格数据。对栅格数据进行重分类的主要目的有如下几点。

（1）用新的信息替换旧的数据值。

（2）将某些值归为一组。

（3）将值重分类为常用等级，例如适宜性分析或创建用于成本距离工具的成本栅格。

（4）将特定的值设置为 NoData，或将 NoData 像元设置为特定的值。

2. 重分类的形式

根据不同需要，重分类一般包括四种基本形式：新值替换、旧值合并、分组替代、空值替代。

1）新值替代

新值替代是用一组新的值来替代原来的值，这种转换往往是一对一的关系。以土地利用类型变更为例，将耕地（代码为 1），替换为草地（代码为 3）。

新值替代操作过程如下。

选择【ArcToolbox—Spatial Analyst Tools—Reclass—Reclassify】工具，打开重分类对话框，如图 5.60 所示。在【Input raster】（输入栅格）中设置需要变更值的栅

格图层，即土地利用类型图层（landuse2000.tif）。在【Reclass field】（重分类字段）中选择变更所依据的字段，即地类代码（value）。在【Reclassification】（重分类）列表中的【New values】（新值）列中，输入用于替换的新值（将 1 替换为 3）。在【Output raster】（输出栅格）中选择输出结果的存放位置及名称。单击【OK】，完成操作。

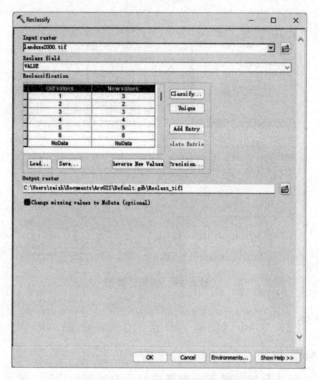

图 5.60　重分类新值替代操作

2）旧值合并

旧值合并是指将原始数据中的多个旧值映射为同一个新的值，以简化数据或创建更有意义的分类。以土地利用类型分类为例，将 25 个小类合并为 6 个大类。

旧值合并操作过程如下：

选择【ArcToolbox—Spatial Analyst Tools—Reclass—Reclassify】工具，打开重分类对话框，如图 5.61 所示。在【Input raster】（输入栅格）中设置需要合并值的栅格图层，即土地利用类型图层（landuse2020.tif）。在【Reclass field】（重分类字段）中选择合并所依据的字段，即地类代码（value）。在【Reclassification】（重分类）列表中的【New values】（新值）列中，将需要合并的地类代码的新值统一（如 11、12 都改为 1，即将水田和旱地都改为耕地）。在【Output raster】（输出栅格）中选择输出结果的存放位置及名称。单击【OK】，完成操作。

3）分组替代

分组替代是将原来的值按一定的分类规则进行分组，用新值替换该组内所有的原值。以坡度分级为例，按照 $0°<\alpha\leqslant 2°$、$2°<\alpha\leqslant 6°$、$6°<\alpha\leqslant 15°$、$15°<\alpha\leqslant 25°$、$\alpha\geqslant 25°$ 的标准将坡度分为 5 级。

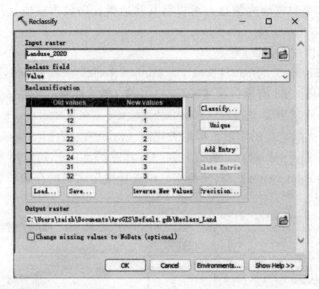

图 5.61　重分类旧值合并操作

分组替代操作过程如下。

选择【ArcToolbox—Spatial Analyst Tools—Reclass—Reclassify】工具，打开重分类对话框，如图 5.62 所示。在【Input raster】（输入栅格）中设置需要进行重新分类的栅格图层，即坡度图层（slope.tif）。在【Reclass field】（重分类字段）中选择重分类所依据的字段，即坡度值（value）。单击【Classify】（分类）按钮，在【Classification】（分类）选项组【Method】（方法）文本框的下拉菜单中选择一种分类方法，设置【Classes】（类别）个数，然后单击【OK】按钮，返回原对话框。在【Output raster】（输出栅格）中选择输出结果的存放位置及名称。单击【OK】，完成操作。

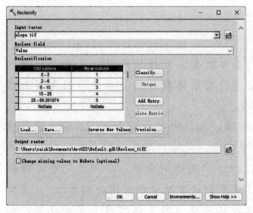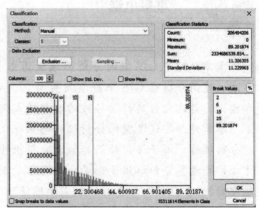

图 5.62　重分类分组替代操作

4）空值替代

空置替代是将特定的值设为空值或将空值设为某一个值。将特定的值设为空值可以达到数据裁剪、限制非研究区数据占用储存空间的目的。在多栅格的叠加运算中，因为任一栅格位置上的空值都会使结果数据中该位置的栅格输出为空值，所以某些情况下还需要将原始栅格数据中的空值设置为 0 或其他特定数值。以土地利用类型图为例，如果只需研究耕地，可以将其他地类代码设为空值，只保留耕地的代码（1）。

空值替代操作过程如下。

选择【ArcToolbox—Spatial Analyst Tools—Reclass—Reclassify】工具，打开重分类对话框，如图 5.63 所示。在【Input raster】（输入栅格）中输入需要空值替代的栅格图层，即土地利用类型图层（landuse2020.tif）。在【Reclass field】（重分类字段）中选择重分类所依据的字段，即地类代码（value）。在【Reclassification】（重分类）列表中的【New values】（新值）列中，将除耕地以外其他地类的代码更改为 NoData。在【Output raster】（输出栅格）中选择输出结果的存放位置及名称。单击【OK】，完成操作。

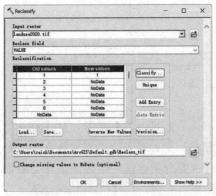

图 5.63 重分类空值替代操作及其结果

本章小结

本章介绍了 GIS 空间分析的演变历史、基本概念、目的与应用以及分类和操作方法。空间分析在 GIS 中扮演关键角色，它通过处理地理数据揭示隐藏的空间关系和模式，是地理信息科学领域的重要组成部分。

本章详细描述了空间分析过程的系统化步骤，包括明确分析目标、准备数据、执行分析操作、解释评价结果和输出分析报告等内容。同时列举了多种具体的空间分析方法，如量算分析（用于测量地理对象的属性）、空间查询分析（根据特定条件提取地理数据）、空间统计分析（识别和理解地理现象的分布规律和空间自相关性）、叠加分析（结合多个图层生成新的空间关系）、缓冲区分析（确定地理要素影响范围）和网络分析（解决交通、物流等领域中的路径规划和服务区域问题）。针对缓冲区分析，进一步解释了其在城市规划和管理中的重要性，定义了缓冲区的概念及如何基于点、线、面实体创建缓冲区以分析邻近效应。此外，还介绍了栅格叠加分析这一 GIS 常见空间分析方法，强调了地图代数作为栅格数据运算的基础理论，可以进行加减乘除、关系比较以及布尔逻辑等多种运算，从而生成新的地理信息产品，应用于地形分析、土地覆盖变化监测等多个方面。

掌握并熟练运用合适的空间分析方法是帮助用户深入理解与精准解读复杂地理现象的关键途径。空间分析方法能够揭示隐藏在地理数据中的内在规律和关联性，通过模拟、预测、可视化等多种手段，将抽象的地理信息转化为直观易懂的知识，从而帮助用户全面认知和解析各类地理问题。这种对空间信息的深度挖掘与科学处理，对于那些依赖于准确地理数据进行有效决策的领域来说，具有无可估量的价值。无论是城市规划、环境评估、灾害预警，还是交通布局、资源管理等方面，恰当运用空间分析方法都能极大地提高决策的科学性和准确性，从而更好地服务于社会经济的发展与进步。

第五章学习内容
思维导图

思考题

1. 空间分析技术在 GIS 的发展历程中扮演了怎样的角色？结合实例讨论空间分析对地理信息科学发展的重要性。

2. 对比几位学者对空间分析的不同定义，谈谈你对空间分析内涵的理解。空间分析在解决地理问题中有哪些独特的优势？

3. 简述 GIS 空间分析的一般过程和步骤。在实际应用中，针对不同的地理问题，空间分析的步骤和方法有何差异？请举例说明。

4. 缓冲区分析是 GIS 中常用的空间分析功能之一。请列举缓冲区分析在城市规划、防灾减灾、环境保护等领域的具体应用实例。

5. 点、线、面要素在进行缓冲区分析时有何异同？分别适用于哪些典型的地理问题？

6. 假设你是一名城市规划师，需要选址新建一所中学。请综合运用本章学习的空间分析方法，制定该中学选址的技术路线和分析步骤。

7. 结合本章内容和自己的理解，你认为未来 GIS 空间分析技术将向哪个方向发展？人工智能、大数据等新兴技术将如何赋能和拓展 GIS 的空间分析能力？

第六章

GIS 基础空间统计

GIS 基础空间统计是用于分析和解释空间数据的一组统计方法，它重点在于从空间数据中提取潜在有意义的信息，以揭示地理要素的空间分布、空间模式和空间关系。本章的主要内容包括空间数据的描述性统计分析方法、空间自相关分析方法、空间关系建模等。这些方法不仅能够帮助我们理解空间数据的表面特征，更能深入挖掘隐藏在空间数据背后的空间结构和空间模式，这些对城市规划、环境评估、资源管理等众多领域具有重要的应用价值。

■ 第一节　描述性统计分析

描述性统计分析是一种利用表格、图形和计算等方式得出的概括性结果，从而全面展现数据特征的统计方法。它涵盖了多个关键的统计内容，包括数据的频数分析、集中趋势分析、离散程度分析、分布情况，以及基本的统计图形。描述性统计分析的主要目的是对研究中涉及的所有变量进行全面的统计描述，以揭示空间数据的内在结构和关系，帮助确定空间关系的特征和模式。例如，使用图表展示人口增长、经济发展等数据，以预测未来的用电需求，为电力资源的分配提供依据。

■ 一、数据的频率分析

频率分析的核心在于运用统计和图表技术，揭示数据的分布特征，包括频数分布表、条形图和直方图等多种形式。频率分布直方图是利用柱状图展现一组数据的分布情况，表示不同数据出现的频率，如年龄在 60 岁以上的人口数量。频率直方图以组距作为水平坐标轴，频数/组距作为垂直坐标轴，将各个组距与对应的频数连接成一个个矩形图。由于矩形图的宽度是组距，高度是频数与组距的比值，所以矩形的面积代表了实际的频数。频率分布直方图主要有标准型、锯齿型、偏锋型、陡壁型、平顶型、双峰型和孤岛型七种类型。图 6.1 为频数分布直方图示例。

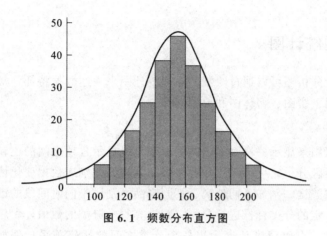

图 6.1　频数分布直方图

二、数据的集中趋势分析

数据的集中趋势分析是描述性统计分析的一个重要方面，它旨在找到一组数据的中心或典型值。集中趋势分析的常见度量方法包括平均数、中位数、众数等。平均数是所有数值的和除以数值的数量，这是最常用的集中趋势度量方法，主要包括算数平均数、几何平均数以及调和平均数。中位数是将数据按大小排序后，位于中间的数值。中位数将数据分为两个数量相等的部分，其中一半的数据小于中位数，另一半的数据大于中位数。众数是数据中出现次数最多的数值。如果数据中有多个相同的众数，则它们都是众数。众数具有普遍性，在公共管理领域统计实践中，一般利用众数来近似反映社会经济现象的一般水平，例如使用居民收入最集中的水平来代表城镇居民的生活水平。

三、数据的离散程度分析

数据的离散程度分析是为了衡量数据在各个取值之间的差异程度。它是描述数据分布广度的重要指标，反映了数据的分散程度和波动情况。离散程度越大，说明数据之间的差异越大，分布越广；离散程度越小，说明数据越集中，分布越紧凑。常用的度量离散程度的方法有极差、方差、标准差、变异系数、四分位距和离散系数等。极差是最简单的离散程度度量方式，它等于一组数据中的最大值与最小值之差。极差越大，说明数据的离散程度越大。方差是每个数据点与平均数之差的平方和的平均数，标准差则是方差的平方根。方差和标准差都能够反映数据与平均数的偏离程度，是常用的离散程度度量方式。变异系数是标准差与平均数的比值，用于比较不同量纲数据的离散程度。变异系数越大，说明数据的离散程度越大。四分位距是指上四分位数与下四分位数之差，用于度量中间 50% 的数据离散程度。离散系数是标准差与平均数之比，用于比较两组数据的离散程度。这些度量方式各有特点和适用范围，选择合适的离散程度度量方法是关键。在实际应用中，应根据数据的类型、分布和问题背景来选择合适的度量方法，以更好地描述数据的离散程度。

四、绘制统计图

描述性统计分析还可以通过绘制一系列统计图来表达数据特征，常用的统计图有柱形图、折线图、饼图、箱体图和桑基图等。

1. 柱形图

柱形图可以用来显示一段时间内的数据变化或显示各项之间的比较情况，主要使用颜色进行类型区分。它可用于比较各组数据之间的差别或数据变化情况。柱形图通常用于展示分类数据，例如不同地区、不同产品类别或不同时间段的销售数据等。通过将数据按照一定的分类标准进行分组，并计算每个分类的数值，然后将这些数值表示为柱形的高度，可以清晰地展示出各个分类之间的比较关系。例如，2015—2018年阿里巴巴公司的营业收入情况，如图6.2所示。

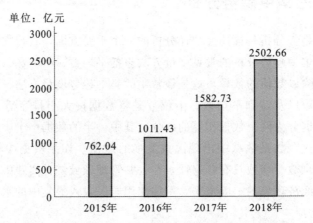

图 6.2 2015—2018 年阿里巴巴公司的营业收入情况

2. 折线图

折线图可以表示随时间而变化的连续数据，非常适用于显示在相等时间间隔数据的趋势。它主要用于趋势分析，通过观察折线的形状和趋势，可以了解数据的变化规律和特征。折线图通常用于展示时间序列数据、气温变化、股票价格波动等连续变量的变化趋势。通过将数据按照时间或其他连续变量进行排序，并使用线段连接各个数据点，可以清晰地展示数据随时间或其他连续变量的变化趋势。例如，海口市4月23—29日的最高气温和最低气温的变化情况，如图6.3所示。

3. 饼图

饼图可以表示每一个数值相对于总数值的大小。在饼图中，每个扇区代表一个分类，扇区的面积或角度代表该分类在整体中所占的比例。通过观察各个扇区的相对大小，可以直观地了解各个分类之间的比例关系。建议饼图不超过8块，百分比按一定规则顺时针排序。饼图通常用于展示分类数据的比例分布，例如不同地区的销售占比、用户来源渠道的分布等。通过将数据按照一定的分类标准进行分组，并计算每个分类的比例，然后将这些比例表示为扇区的面积或角度，可以清晰地展示出各个分类之间的比例关系。例如，2018年全国居民的人均消费支出情况，如图6.4所示。

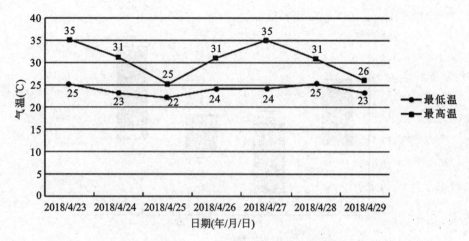

图 6.3　海口市 2018 年 4 月 23—29 日的最高气温和最低气温的变化情况

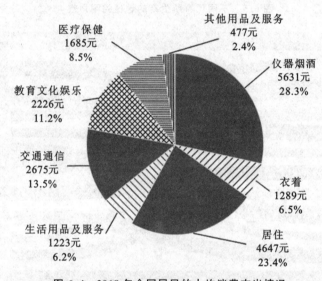

图 6.4　2018 年全国居民的人均消费支出情况

4. 箱体图

箱体图可以快速地显示出数据的分布情况，包括数据的中心趋势、离散程度以及是否存在异常值；可以直观地显示出最小值、下四分位数、中位数、上四分位数和最大值这五个统计量；还可以通过比较不同箱体图的形状、边缘位置等，了解不同数据集的分布特征。例如，不同厂家所生产的地毯的耐用性比较，如图 6.5 所示。

5. 桑基图

桑基图是一种特定类型的流程图，图中延伸的分支的宽度对应数据流量的大小。桑基图主要由边、流量和节点组成，其中边代表了流动的数据，流量代表了数据流动的具体数值，节点代表了不同的分类。边的宽度与流量成比例，边越宽，数值越大。桑基图通常应用于能源、材料成分、金融等数据的可视化分析。例如，各产品类型向各区域的销售额流向，如图 6.6 所示。

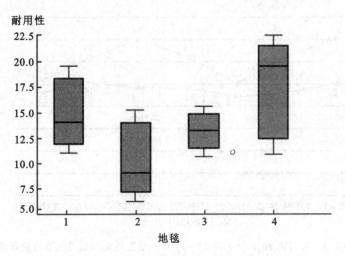

图 6.5 不同厂家所生产的地毯的耐用性

图 6.6 各产品类型向各区域的销售额流向

第二节 空间自相关分析

探索性空间数据分析是以空间截面数据为对象，旨在发现数据分布趋势、离群值、空间依赖及相关关系等。探索性空间数据分析是一系列空间数据分析方法和技术的集合，可用于描述数据的空间分布并加以可视化，识别空间数据的异常值，检测社会、经济或自然现象的空间集聚效应，以及展示数据的空间结构，揭示地理现象之间的空间相互作用机制。探索性空间数据分析的核心是认识与地理位置相关的数据间的空间依赖、空间关联或空间自相关关系，涉及空间权重矩阵的构建、全局空间自相关和局部空间自相关的度量以及空间关联的识别等。

一、空间依赖关系

空间依赖关系是指在空间上分布的任何事物都与其周围的事物存在联系，并且在空间上接近的事物之间联系更紧密。空间依赖关系反映了空间对象之间的相互依赖和影响，是空间数据分析的重要概念之一。在时空统计分析中，我们经常利用空间权重矩阵来表达这种空间相互依赖关系。空间权重矩阵的设置在一定程度上是多数时空统计分析的前提与基础。因此，设置空间权重矩阵在时空统计分析中是不可或缺的。考虑到空间数据蕴含了丰富的位置信息，与空间数据位置有关的重要空间概念包括邻接和距离。邻接和距离这两个概念描述了空间中对于邻近的定义，即"邻接性"空间依赖关系和"距离性"空间依赖关系。

邻接关系描述空间单元间有公共边界或者公共点且公共边界的长度不为 0 的现象，主要包括三种类型：Rook 相邻、Bishop 相邻和 Queen 相邻（见图 6.7）。上述三种相邻关系源于国际象棋，Rook 相邻表示若两个地理单元有公共边界，则认为它们相邻；Bishop 相邻表示若两个地理单元有公共顶点，则认为它们相邻；Queen 相邻表示若两个地理单元有公共边界或者相同的顶点，则认为它们相邻。

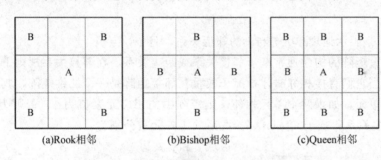

图 6.7 邻接关系示意图

距离关系描述了空间对象之间的相对距离。这个距离可以用于衡量地理实体之间的接近程度或差异度。在空间分析中，距离关系对于确定空间对象的相互影响范围、确定数据点的聚类或扩散趋势等方面非常有用。最常用的距离关系测度指标有欧氏距离、曼哈顿距离、球面距离等。欧氏距离也称为欧几里得距离，是一种常见的距离度量方式。它衡量的是多维空间中两个点之间的绝对距离。在二维和三维空间中，欧氏距离就是两点之间的实际距离，如二维空间中欧氏距离计算公式如下：

$$d_{ij} = \sqrt{(x_i - x_j)^2 + (y_i - y_j)^2} \tag{6.1}$$

其中，(x_i, y_i) 和 (x_j, y_j) 表示两个点在二维空间的坐标值，d_{ij} 表示地理单元 i 和 j 间的欧氏距离。扩展到三维空间和 n 维度的欧氏距离分别为：

$$d_{ij} = \sqrt{(x_i - x_j)^2 + (y_i - y_j)^2 + (t_i - t_j)^2} \tag{6.2}$$

$$d_{ij} = \sqrt{(x_{1i} - x_{1j})^2 + (x_{2i} - x_{2j})^2 + \cdots + (x_{ni} - x_{nj})^2} \tag{6.3}$$

曼哈顿距离也称为城市街区距离，是一种特殊的距离度量方法。在二维空间中，曼哈顿距离可以表示为两点之间的水平距离和垂直距离的绝对值之和。在高维空间中，曼哈顿距离可以表示为两点之间的各个坐标轴上距离的绝对值之和。

球面距离是指两点在球面上所形成的劣弧的长度。在地球表面，球面距离通常是指经纬线上的距离，可以通过地球半径和经纬度的差异来计算。球面距离是球面几何中一个重要的概念，可以用于计算地球表面上两点之间的实际距离。

二、空间权重矩阵

空间权重矩阵是一种描述空间关系的重要工具，它可以根据空间单元之间的距离、方向、连接方式等信息进行构建。空间权重矩阵可以反映不同区域之间的相互关系和依赖程度，常用于空间自相关分析、空间回归分析等。空间权重矩阵描述了空间单元之间的相邻关系，决定了每个空间单元的特征对邻近单元的贡献程度。该矩阵通常用二元对称阵 W 来表示 n 个空间单元间的关系，其中行和列都代表空间单元（如点、线、多边形等）。矩阵中的每个元素表示相应空间单元之间的邻近关系。如果两个空间单元相邻，则对应的矩阵元素值为 1 或某个特定的权重值，否则为 0。

$$W = \begin{bmatrix} w_{11} & w_{12} & \cdots & w_{1n} \\ w_{21} & w_{22} & \cdots & w_{2n} \\ \vdots & \vdots & w_{ij} & \vdots \\ w_{n1} & w_{n2} & \cdots & w_{nn} \end{bmatrix} \quad (6.4)$$

其中，w_{ij} 表示地理单元 i 与 j 的邻近关系，且 $w_{ij} = w_{ji}$。

空间权重矩阵的构建通常基于邻接关系或距离关系。在邻接关系规则下，空间单元之间只有当它们直接相邻时才被赋予权重。邻接矩阵是一个二维矩阵，其中行和列都代表空间单元，如果两个单元相邻，则矩阵中的相应元素值为 1，否则为 0。如基于 Rook 邻接关系和基于 Queen 邻接关系的矩阵元素分别为：

$$w_{ij} = \begin{cases} 1 & \text{区域 } i \text{ 和 } j \text{ 共边} \\ 0 & i = j \text{ 或区域 } i \text{ 和 } j \text{ 不共边} \end{cases} \quad (6.5)$$

$$w_{ij} = \begin{cases} 1 & \text{区域 } i \text{ 和 } j \text{ 共边或者共顶点} \\ 0 & i = j \text{ 或区域 } i \text{ 和 } j \text{ 不共边且不共顶点} \end{cases} \quad (6.6)$$

如 A、B、C、D 四个区域相邻（见图 6.8），若采用 Rook 邻接矩阵描述空间关系，则

$$W = \begin{bmatrix} 0 & 1 & 1 & 1 \\ 1 & 0 & 1 & 0 \\ 1 & 1 & 0 & 1 \\ 1 & 0 & 1 & 0 \end{bmatrix} \quad (6.7)$$

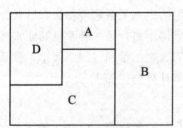

图 6.8 空间关系示例

基于邻接关系的空间关系矩阵能够清楚简洁地表达空间单元的依赖关系，但是其局限性在于只能适用于多边形空间单元，无法对线和点要素间空间关系进行量化。因此可以根据距离关系构建空间权重矩阵。在这种情况下，矩阵中的元素可以基于两个空间单元之间的距离来赋值，一定程度上克服了二元邻接矩阵不能描述离散点要素间空间关系的不足。对于多边形单元也可以根据区域质心间距离来构建空间权重矩阵，因而基于距离关系的空间权重矩阵应用更为广泛。例如，如果两个单元之间的距离小于某

个阈值，则赋予较高的权重，否则赋予较低的权重。常用的基于距离关系构建的空间权重函数定义方式有反距离、反距离平方、固定距离范围、无差别的区域、k-最邻近等。

（1）反距离：与远处的要素相比，邻近要素对目标要素的计算的影响要大一些。

（2）反距离平方：与反距离类似，但它的坡度更明显，因此影响下降得更快，并且只有目标要素的最近邻域会对要素的计算产生重大影响。

（3）固定距离范围：将对邻近要素环境中的每个要素进行分析。在指定临界距离（距离范围或距离阈值）内的邻近要素将分配值为 1 的权重，并对目标要素的计算产生影响。在指定临界距离外的邻近要素将分配值为零的权重，并且不会对目标要素的计算产生任何影响。

（4）无差别的区域：在目标要素的指定临界距离（距离范围或距离阈值）内的要素将分配值为 1 的权重，并且会影响目标要素的计算。一旦超出该临界距离，权重（以及邻近要素对目标要素计算的影响）就会随距离的增加而减小。

（5）k-最邻近：将最近的 k 要素包含在分析中。相邻要素的数目（k）由相邻要素的数目参数指定。

三、空间自相关统计量

空间自相关是指同一个变量在不同空间位置上的相关性，是空间依赖的一种度量。空间自相关统计量用于度量地理数据的基本性质，主要衡量某位置上的数据与其他位置上的数据间的相互依赖程度。这种统计量通常用于分析空间分布现象，以揭示数据之间的空间依赖关系。在空间自相关分析中，空间自相关性使用全局和局部两种指标，全局指标用于探测整个研究区域的空间模式，使用单一的值来反映该区域的自相关程度，主要代表方法是全局 Moran's I 指数和 Geary's C 系数。局部指标计算每一个空间单元与邻近单元就某一属性的相关程度，代表方法有局部 Moran's I 指数和热点分析（Getis-Ord Gi*）。

（一）全局自相关指数

1. 全局 Moran's I 指数

全局 Moran's I 指数是全局自相关分析中常用的一种统计量，用于衡量整个研究区域的空间自相关程度。它基于地理数据的相似性和差异性来度量空间依赖性，通过计算各空间单元之间的相关系数来评估整个区域内的空间模式，即评估所表达的模式是聚类模式、离散模式还是随机模式。图 6.9 展示了空间模式的趋势。

全局 Moran's I 指数的计算公为：

$$\text{Moran's}I = \frac{\sum_{i=1}^{n}\sum_{j=1}^{n}w_{ij}(x_i - \bar{x})(x_j - \bar{x})}{S^2 \sum_{i=1}^{n}\sum_{j=1}^{n}w_{ij}} \tag{6.8}$$

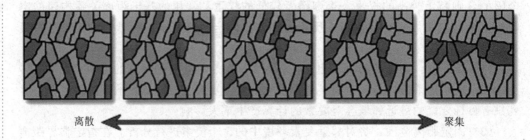

图 6.9 空间模式示意图

其中 n 是空间单元的数量，w_{ij} 是空间权重矩阵中的元素，x_i 和 x_j 分别表示空间单元 i 和 j 的观测值。该公式通过计算相邻空间单元之间的相似性，得到整个研究区域的空间自相关程度。全局莫兰指数工具一般会返回五个值：Moran's I 指数、预期指数、方差、z 得分和 p 值。全局 Moran's I 指数的取值范围为 $-1 \sim 1$，使用 z 得分或 p 值表示统计显著性，其中正值表示正相关，负值表示负相关，接近于 0 的值则表示空间自相关性较弱或不明显。全局 Moran's I 指数的值越大，说明空间数据之间的相似性越高，即空间自相关性越强和具有聚类趋势。z 得分和 p 值是统计显著性的度量值。这些值可以帮助我们确定是否拒绝零假设（要素关联的值是随机分布的）。在进行全局 Moran's I 指数计算时，根据数据的特点和研究目的，可以选择不同的空间权重矩阵来构建模型，以更准确地反映空间数据的自相关性。在公共管理学、地理学、社会学和经济学等领域中，全局 Moran's I 指数被广泛应用于探索空间数据之间的潜在关系和规律，为研究和决策提供有力的支持。例如：总结某种观点、疾病或趋势随空间和时间变化的传播情况——观点、疾病或趋势是保持隔离或集中，还是传播开并变得更加分散。

专栏 6.1

全局 Moran's I 应用案例——对 31 个省级行政区人均 GDP 的空间关联分析

根据各省（自治区、直辖市）之间的邻接关系，采用二进制邻接权重矩阵，选取我国 31 个省（自治区、直辖市）2016—2020 年的人均 GDP（不含港澳台），依照公式计算全局 Moran 指数 I，计算其检验的标准化统计量 z，结果如下表所示。

年份	I	z	p
2016	0.5001	4.5035	0.0000
2017	0.5069	4.5551	0.0000

续表

年份	I	z	p
2018	0.5112	4.5978	0.0000
2019	0.5059	4.5532	0.0000
2020	0.5013	4.5326	0.0000

结果解读：从表中可以看出，2016—2020 年，统计的 31 个省级行政区人均 GDP 的全局 Moran 指数均为正值；在正态分布假设之上，对 Moran 指数检验的结果也高度显著。这说明，2016—2020 年，统计的 31 个省级行政区人均 GDP 存在着显著的、正的空间自相关，各省级行政区人均 GDP 水平的空间分布表现出相似值之间的空间集聚，其空间联系的特征是：较高人均 GDP 水平的省级行政区相对地趋于和较高人均 GDP 水平的省级行政区相邻，或者较低人均 GDP 水平的省级行政区相对地趋于和较低人均 GDP 水平的省级行政区相邻。

2. Geary's C 系数

Geary 邻接比用于判断同一个现象的相邻观测值是否相关，常用于栅格数据分析，仅支持二元结构。Geary 统计量 C 的取值一般在 [0, 2]，大于 1 表示负相关，等于 1 表示不相关，小于 1 表示正相关。其计算公式如下：

$$C = \frac{(n-1)\sum_{i=1}^{n}\sum_{j=1}^{n}w_{ij}(x_i - x_j)^2}{2\sum_{i=1}^{n}\sum_{j=1}^{n}w_{ij}\sum_{k=1}^{n}(x_k - \bar{x})^2} \tag{6.9}$$

3. 全局 Moran's I 和 Geary's C 系数的比较

全局 Moran's I 和 Geary's C 系数虽然都是用来度量全局空间自相关的指标，但是存在明显的差异性。两者计算原理不一样，Moran's I 关注的是观测位置的数据值和相邻数据的平均值之间关系的比较，而 Geary's C 关注的是数据值本身与相邻数据之间的比较；两个指标的取值范围存在差异性，全局 Moran's I 的取值范围是 −1~1，0 表示随机，而 Geary's C 的则是 0~2，0 表示聚集，2 表示离散，1 表示随机；空间关系概念的定义不一样，全局 Moran's I 和中的 W 通常指的是行标准化的空间权重矩阵，而 Geary's C 是不计算行标准化空间权重矩阵的，这里的 W 指的是二元邻接矩阵，一般无法调控权重，更加注重邻接关系。

（二）局部自相关分析指数

1. 局部莫兰指数（local Moran's I）

局部莫兰指数是一种用于测量空间数据局部自相关性的统计工具。它是由 Luc

Anselin 教授在 1995 年提出的,并广泛应用于空间数据分析领域。局部 Moran's I 可以帮助我们识别空间数据的局部集聚和异常值,从而更好地理解数据的空间模式和结构。局部 Moran's I 的计算基于局部统计量。具体来说,局部 Moran's I 通过计算每个位置的观察值与相邻位置的观察值的相似度,来衡量该位置的空间自相关性。如果一个位置的观察值与其相邻位置的观察值相似,则该位置的局部 Moran's I 的值将较高,表明存在正的空间自相关性;如果一个位置的观察值与其相邻位置的观察值不相似,则该位置的局部 Moran's I 的值将较低,表明存在负的空间自相关性。局部空间自相关的原理非常简单,整个分析把结论分成三种:聚类、异常和随机。局部 Moran's I 的结果可以区分具有统计显著性的高值(HH)聚类、低值(LL)聚类、高值主要由低值围绕的异常值(HL)以及低值主要由高值围绕的异常值(LH)。统计显著性的置信度设置为 95%。局部莫兰指数的计算方式相对简洁,即:

$$I_i = \frac{z_i}{S^2} \sum_{j \neq i}^{n} w_{ij} z_j \tag{6.10}$$

其中,$z_i = y_i - \bar{y}$,$z_j = y_j - \bar{y}$,$S^2 = \frac{1}{n} \sum (y_i - \bar{y})^2$,$w_{ij}$ 为空间权重值,n 为研究区域内样本总数,I_i 代表第 i 个地区的局部莫兰指数。图 6.10 所示为使用局部莫兰指数进行空间分析的原理。

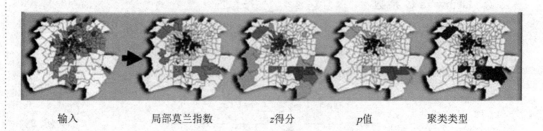

输入　　　　　局部莫兰指数　　　　　z 得分　　　　　p 值　　　　　聚类类型

图 6.10　局部莫兰指数空间分析原理

在进行局部 Moran's I 的计算的时候,如果要保证结果的可靠和有效性,需要保证输入参与分析的要素/样本数量至少达到 30 个。在计算过程中需要选择适当的距离范围或距离阈值,保证所有研究单元都应至少具有一个相邻单元,任何要素都不应将其他所有要素作为相邻要素,以及当分析的属性值存在偏斜时,每个要素都应具有 8 个左右的相邻要素。局部 Moran's I 工具可识别高值密度、低值密度和空间异常值,能够解答诸如"研究区域中的富裕区和贫困区之间的最清晰边界在哪里?""研究区域中存在异常消费模式的位置吗?""研究区域中意想不到的糖尿病高发地在哪里?"等问题,在经济学、资源管理、生物地理学、政治地理学和人口统计等许多领域中被广泛应用。

2. Getis-Ord Gi* 方法

Getis-Ord Gi* 方法是一种用于探索空间数据局部聚类的统计方法。它通过识别具有显著统计学意义的热点和冷点,揭示空间数据在局部尺度上的分布特征和变化规律,其原理如图 6.11 所示。Getis-Ord Gi* 更关注于局部的空间异质性,它通过计算每个地理要素与邻近要素之间的空间关系，确定地理要素在空间上的聚类模式。当 Gi* 值较高时，表示该要素处于热点区域，即具有相似属性值的地理要素在空间上聚集在一起；当 Gi* 值较低时，表示该地理要素处于冷点区域，即具有不同属性值的地理要素在空间上聚集在一起。

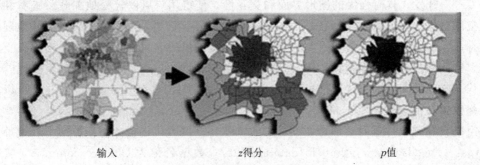

输入　　　　　　　　z得分　　　　　　　　p值

图 6.11　热点分析原理图

Getis-Ord Gi* 局部统计可以表示为：

$$G_i^* = \frac{\sum_{j=1}^{n} w_{ij} x_j - \bar{X} \sum_{j=1}^{n} w_{ij}}{S \sqrt{\frac{n \sum_{j=1}^{n} w_{ij}^2 - (\sum_{j=1}^{n} w_{ij})^2}{n-1}}} \quad (6.11)$$

其中，x_j 是地理要素 j 的属性值，w_{ij} 是要素 i 和 j 之间的空间权重，n 为要素总数，且

$$\bar{X} = \sum_{j=1}^{n} x_j / n \quad (6.12)$$

$$S = \sqrt{\frac{\sum_{j=1}^{n} x_j^2}{n} - (\bar{X})^2} \quad (6.13)$$

对于热点分析（Getis-Ord Gi*）工具，在构建概念化空间关系时推荐使用为"固定距离范围"，"空间时间窗""无差别的区域""邻接""k 最邻近域""Delaunay 三角测量"也都可以正常工作。Getis-Ord Gi* 方法是一种有效的空间自相关分析方法，在许多领域中都有广泛的应用。在公共卫生领域，Getis-Ord Gi* 方法可以用于识别疾病的高发区域，探究疾病的空间分布模式和传播途径。例如，通过分析癌症、传染病等疾病的发病率或死亡率数据，可以识别出疾病的高发区域，进一步探究环境、生活方式等相关因素对疾病分布的影响。在城市规划领域，Getis-Ord Gi* 方法可以用于探究城市空间结构的特征和变化规律。例如，通过分析人口分布、建筑密度等数据，可以识别出城市发展的热点区域，进一步探究城市规划、土地利用等因素对城市空间结构的影响。

三、实例操作

Geoda 是一款空间数据分析软件，专门设计用于探索和建立空间模式。该软件基于 C++开发，具有强大的图形界面和交互性，使得用户可以轻松地加载、查看和处理空间数据。该软件还支持各种地图视觉化和符号化选项，可以帮助用户更好地理解数据。Geoda 提供了一系列强大的空间分析工具，包括空间自相关分析、空间权重矩阵、空间滞后和空间误差模型等。这些工具可以帮助用户深入了解数据的空间模式和结构。Geoda 支持多种数据格式，包括 Shapefile、GeoJSON、KML 等，并且可以将表格数据转换为空间数据格式。其网站为 https://geodacenter.github.io/。本章利用空间自相关统计量对芝加哥 2000 年和 2010 年社区人口进行分析，数据下载地址为 https://geodacenter.github.io/data-and-lab/，数据名称为 Chicago common。实际操作步骤如下（本书附带了本案例的操作数据及演示视频，读者可通过扫码方式获取）。

步骤 1：安装 Geoda 软件，Geoda 软件菜单如图 6.12 所示。

图 6.12 Geoda 软件菜单

步骤 2：导入数据，Geoda 提供多种数据格式，本实验选择 shp 文件，操作如图 6.13 所示。

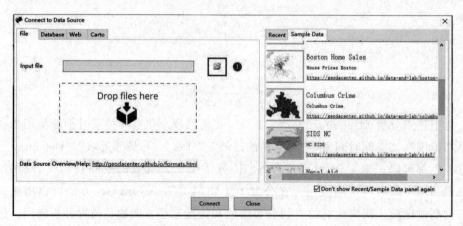

图 6.13 导入数据示意图

步骤 3：构建空间权重矩阵，选择 NID 字段为 ID 属性字段，如图 6.14 所示。Geoda 构建空间权重矩阵提供了邻接关系权重（contiguity weight）和距离关系权重（distance weight），可以比较不同方法生成的权重矩阵，这里使用 Queen 邻接方法（一阶邻接）。

步骤 4：计算全局莫兰指数值，选择"Space"中"Univariate Moran's I"，分别使用字段"POP2000"和"POP2010"得到，效果见图 6.15。

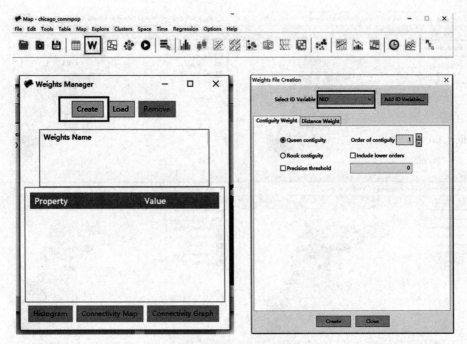

图 6.14 构建空间权重矩阵示意图

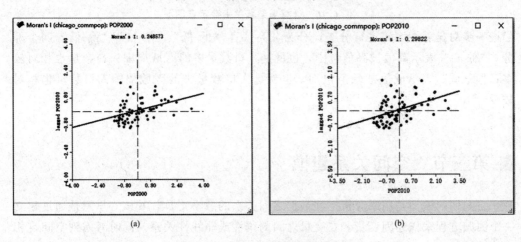

图 6.15 计算全局莫兰指数示意图

从图 6.15 中可以发现，2000 年人口空间分布的全局莫兰指数为 0.248573，说明芝加哥社区 2000 年的人口空间分布呈现正相关并具有一定的集聚性，其中位于第一象限的高-高集聚区和第三象限的低-低集聚区的散点较多，第四象限的高-低集聚区的散点较少。2010 年人口空间分布全局莫兰指数为 0.29822，说明芝加哥社区 2010 年的人口空间分布呈现正相关并具有一定的集聚性，且相对于 2000 年的结果，2010 年的正相关集聚性更高。

步骤 5：计算局部莫兰指数，选择 "Space" 中 "Univariate Local Moran's I"，分别使用字段 "POP2000" 和 "POP2010" 得到，结果如图 6.16 所示。

通过观察显著性地图，发现规定显著性水平条件下，2010 年人口分布的显著性区域相较于 2000 年有所增多。观察聚类地图，在显著性检验通过的前提条件下，我

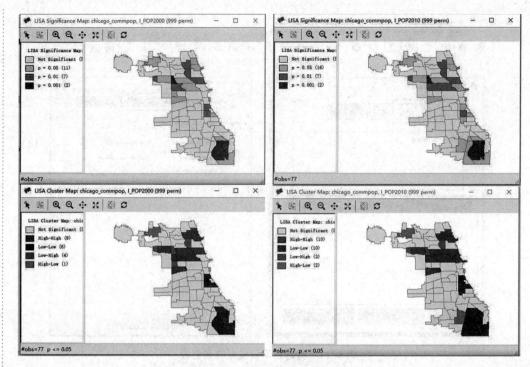

图 6.16 计算局部莫兰指数示意图

们进一步对显著性区域进行分类，分为"高-高""低-低""低-高""高-低"四个部分。"高-高"表示高值被高值包围，也就是人口数量多的区域周围人口数量也相对较多；"低-低"表示低值被低值包围，也就是人口数量少的区域周围人口数量也相对较少。

第三节 空间关系建模

空间回归模型是用来分析空间数据之间关系的数学工具，其核心思想是通过建立一个回归方程来描述因变量和自变量之间的线性或非线性关系，同时考虑到空间自相关性的影响。在空间回归模型中，通常假设因变量和自变量之间存在某种空间依赖关系，这意味着一个地区的因变量值可能会受到其相邻地区的自变量值的影响。空间回归模型的主要目的是揭示空间数据之间的潜在关系，并预测未来趋势。与传统的回归分析不同，空间回归模型需要考虑空间自相关性，这可以通过在模型中加入空间权重矩阵来实现。空间权重矩阵是一个 $n \times n$ 矩阵，其中 n 表示研究样本的数量，矩阵中的每个元素表示相应样本之间的空间关系。空间回归模型的种类有很多，常见的有空间滞后回归模型、空间误差模型和地理加权回归模型等。

一、空间滞后回归模型

空间滞后回归模型（spatial lag regression，SLR）是一种用于分析空间数据的统计模型，它通过将因变量与其自身的空间滞后项（即相邻样本的因变量值）相结合来描述空间数据的自相关性。该模型是空间计量经济学和地理统计学中的重要工具，用于解释不同地区之间经济、社会和环境等变量的相互影响。空间自回归模型的核心思想是，一个研究区域的因变量不仅受到其自身的自变量影响，还受到相邻区域的因变量值的影响。这种影响可以是有益的（正相关），也可以是有害的（负相关），具体取决于模型参数的估计结果。空间自回归模型的公式通常表示为：

$$Y = \rho W_1 Y + X\beta + u \tag{6.14}$$

其中，β 表示解释变量的空间回归系数，u 是随空间变化的误差项，W_1 是反映因变量自身空间趋势的空间权重矩阵，W_2 为反映残差空间趋势的空间权重矩阵，通常根据邻接关系或者距离函数关系确定空间权重矩阵。ρ 为空间滞后项的系数，它表示相邻研究区域的因变量值对当前因变量值的影响程度。如果 ρ 显著不为零，则说明存在空间自相关性，即不同地区之间的因变量值存在相互影响；如果 ρ 接近于零，则说明空间自相关性较弱或不存在。

SLR 的分析工具涵盖多个软件，包括 Geoda、SpaceStat 和 Stata 等，以及 R 语言包如 spatialreg。例如，使用 Geoda 软件运行 SLR 的结果（图 6.17）：① 描述了变量的基本信息；② 介绍了模型对数据的拟合程度；③ 给出了各变量的系数情况及其显著性；④ 诊断了残差的异方差性，结果表明存在异方差性，可能需要在模型中考虑更多的重要变量；⑤ 是对模型的空间相关性系数的渐进显著性检验，结果该系数是统计显著的。

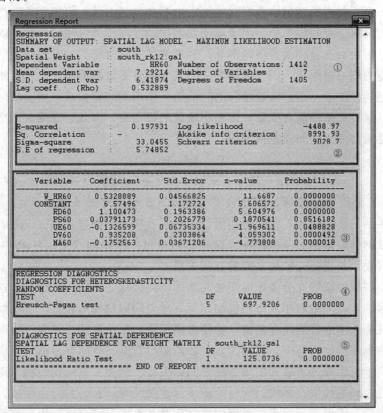

图 6.17　SLR 回归结果报告

空间滞后回归模型的适用范围非常广泛，包括地理学、环境科学、经济学、社会学等。例如：在地理学中，空间滞后回归模型可以用于研究城市体系的空间关联性和集聚现象；在经济学中，可以用于分析区域经济的空间溢出效应和相互影响；在社会学中，可以用于研究社会行为的扩散和传播过程等。空间滞后回归模型的一个重要特点是可以揭示空间数据的空间模式和结构，通过估计模型的参数，我们可以了解不同地区之间的相互影响程度和方向，从而更好地理解空间数据的形成机制和演化规律。此外，空间滞后回归模型还可以用于预测未来趋势和评估政策效果。例如，在经济学中，它可以用于预测区域经济增长和评估区域发展政策的实施效果等。然而，空间滞后回归模型也存在一些限制和挑战。首先，它需要较大的数据量才能获得稳定的结果，因为每个样本点都需要独立的参数估计。其次，它需要选择合适的空间权重矩阵来描述不同地区之间的相互影响关系。此外，模型的参数估计也可能受到多种因素的影响，如数据的异方差性和相关性、模型的假设条件等。因此，在使用空间滞后回归模型时，需要充分考虑数据的特性和研究目的，选择合适的模型和估计方法，并进行充分的模型诊断和检验。

二、空间误差模型

空间误差模型（spatial error model，SEM）是空间回归模型中的一种，主要考虑了因变量在相邻地区之间的相互影响，但假设自变量只影响本地区的因变量值。该模型适用于自变量对因变量的影响在本地区内存在自相关性，但相邻地区的因变量值相互独立的情况。空间误差模型主要基于误差项的空间相关性和结构性分解，将因变量的变化分解为自变量和误差项两部分，并考虑了空间自相关性对因变量的影响。空间误差模型的核心思想是，因变量的变化不仅受到自变量的影响，还受到相邻地区因变量的误差项的影响。这意味着地区之间的相互作用和依赖关系对因变量的变化有一定的影响。这种模型假设自变量只影响本地区的因变量，因此自变量对因变量的影响在空间上是局部的。空间误差模型的公式如下：

$$Y = X\beta + \varepsilon \tag{6.15}$$

$$\varepsilon = \lambda W\varepsilon + u \quad u \sim N[0, \sigma^2 I] \tag{6.16}$$

其中，Y是因变量向量，X是自变量矩阵，β是自变量系数向量，ε是误差项。与传统线性回归模型相比，空间误差模型中的误差项ε不仅包括随机误差，还包括相邻研究区域的因变量误差项的影响。这种影响通过一个空间权重矩阵W来表示，其中每个元素表示相应研究区域之间的空间关系。

空间误差模型能够充分考虑因变量在相邻研究区域之间的相互影响，这有助于揭示空间数据的依赖关系和相互作用机制。与其他空间回归模型相比，空间误差模型假设自变量只影响本地区的因变量值，这使得模型更加简单和易于解释。空间误差模型适用于各种类型的空间数据，包括连续型和离散型数据。空间误差模型的应用非常广泛，可以用于探索和分析各种空间数据之间的关系。例如：空间误差模型可以用于分析地理位置之间的经济、环境、人口等相关因素的关系；在公共卫生领域，空间误差模型可以用于分析疾病发病率与地理位置之间的关系；在城市规划中，空间误差模型可以用于研究城市发展与各种自变量之间的关系。多个工具支持空间误差模型（SEM）估计，如 Geoda、R 语言（spdep 包）、SpaceStat 和 Stata。这些软件提供了丰富的工具集，允许用户构建和分析 SEM，满足不同研究需求。图 6.18 展示了 Geoda 软件运行 SEM 的结果，对其进行解读可参考 SLR 的相关部分。

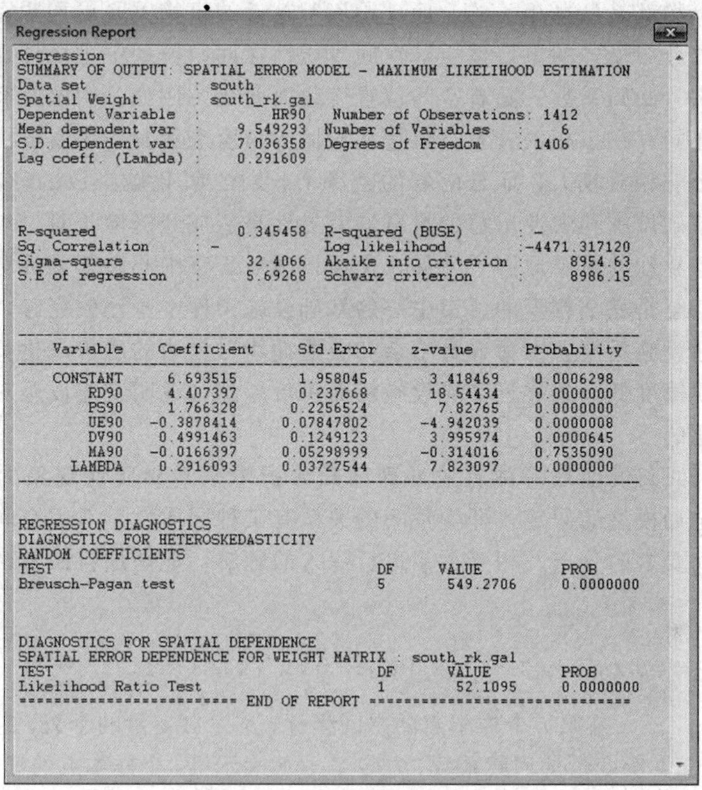

```
Regression Report
Regression
SUMMARY OF OUTPUT: SPATIAL ERROR MODEL - MAXIMUM LIKELIHOOD ESTIMATION
Data set              : south
Spatial Weight        : south_rk.gal
Dependent Variable    :        HR90   Number of Observations: 1412
Mean dependent var    :    9.549293  Number of Variables   :    6
S.D. dependent var    :    7.036358  Degrees of Freedom    : 1406
Lag coeff. (Lambda)   :    0.291609

R-squared             :    0.345458  R-squared (BUSE)      : -
Sq. Correlation       : -            Log likelihood        :-4471.317120
Sigma-square          :     32.4066  Akaike info criterion :     8954.63
S.E of regression     :     5.69268  Schwarz criterion     :     8986.15

------------------------------------------------------------------------
    Variable    Coefficient      Std.Error      z-value     Probability
------------------------------------------------------------------------
    CONSTANT     6.693515       1.958045       3.418469     0.0006298
        RD90     4.407397       0.237668       18.54434     0.0000000
        PS90     1.766328      0.2256524        7.82765     0.0000000
        UE90   -0.3878414     0.07847802      -4.942039     0.0000008
        DV90    0.4991463      0.1249123       3.995974     0.0000645
        MA90   -0.0166397     0.05298999      -0.314016     0.7535090
      LAMBDA    0.2916093     0.03727544       7.823097     0.0000000
------------------------------------------------------------------------

REGRESSION DIAGNOSTICS
DIAGNOSTICS FOR HETEROSKEDASTICITY
RANDOM COEFFICIENTS
TEST                                    DF      VALUE         PROB
Breusch-Pagan test                      5        549.2706     0.0000000

DIAGNOSTICS FOR SPATIAL DEPENDENCE
SPATIAL ERROR DEPENDENCE FOR WEIGHT MATRIX : south_rk.gal
TEST                                    DF       VALUE        PROB
Likelihood Ratio Test                   1         52.1095     0.0000000
========================= END OF REPORT ==============================
```

图 6.18　SEM 回归结果报告

三、地理加权回归模型

地理加权回归模型（geographically weighted regression，GWR）的提出源于传统全局回归模型的局限性。传统的全局回归模型假定空间数据在整个研究区域内具有相同的回归参数，事实上，这一推断违背了空间异质性的观点：在实际问题的研究中，自变量的回归系数是随地理位置的不同而发生变化的。在空间分析中，变量的观测值一般都是以某种给定的地理单元为抽样单位得到的，随着地理位置的变化，变量间的关系或者结构会发生变化。这种因为地理位置的变化而引起的变量间关系或者结构的变化称为空间非平稳性或者空间异质性。全局模型的缺陷在于将整个研究区域均值化，无法反映研究区域局部的真实变化。为了解决这个问题，地理加权回归模型通过局部估计方法来考虑每个观测值的局部环境，从而提供更精确的预测。地理加权回归模型允许在空间中估计局部回归参数，而不是在全局上应用一个单一的回归模型，即通过局部回归系数来反映空间位置对回归结果的影响。这种方法考虑了空间数据中地理位置和地理特征对回归结果的影响，通过在每个位置上

笔记

估计局部回归参数，可以更好地理解空间数据的分布和变化规律，比传统的全局回归模型更加精细和灵活。

空间异质性是指事物发展的过程和格局在空间分布上的不均匀性及复杂性，简言之，指的是在空间上的进程和关系的变化。空间异质性基于"地理学第一定律"：世界上任何事物都是息息相关的，而"距离"越近的事物关联更加紧密。空间异质性是探索数据分布模式的重要性质，空间异质性在回归模型中主要体现为自变量对因变量的影响（回归系数）随着空间位置变化而变化。例如，中国的经济发展与二氧化碳排量之间存在正相关关系，但是从省域的角度来看，广东省经济增长对二氧化碳排放的影响相对较大，而云南省的经济增长对二氧化碳排放的影响相对较小；地区性农业基础设施和农业出口的投资的差异性是造成经济增长对二氧化碳排放量影响的地区差异性的主要原因。又如，交通设施对于市中心和郊区的房价的影响存在差异性，甚至是完全相反的。市中心的基础设施条件本身比较完善，交通便捷度高，邻近交通设施反而会因为人员嘈杂和交通拥堵对周边的房价产生负向影响，而郊区的交通便捷度低，越靠近交通设施反而房价越高，说明交通设施对于房价的影响是局部变化的。

地理加权回归模型是一种有效处理回归分析中空间异质性现象的局部回归技术，推翻了全局模型的假定，即变量间的关系有某种同质性。考虑空间异质性有助于对地理空间要素的分布及相互关系进行深入的理解，地理加权回归模型的模型结构如下：

$$y_i = \beta_0(u_i, v_i) + \sum_{k=1}^{p} \beta_k(u_i, v_i) x_{ik} + \varepsilon_i, \quad i = 1, 2, \cdots, n \quad (6.17)$$

其中，(u_i, v_i) 是第 i 个样本点的空间坐标，p 为自变量的个数，$\beta_k(u_i, v_i)$ 是第 i 个样本点第 k 个变量的回归系数，$\beta_0(u_i, v_i)$ 表示第 i 个样本点的截距项，ε_i 为第 i 个样本点的误差项，地理加权回归模型的误差项满足：$\varepsilon_i \sim N(0, \sigma^2)$，$\text{Cov}(\varepsilon_i, \varepsilon_j) = 0 (i \neq j)$，即随机误差项服从期望为 0、方差为 σ^2 的正态分布，误差项之间独立且不相关。当回归系数 $\beta_k(u_1, v_1) = \beta_k(u_2, v_2) = \cdots = \beta_k(u_n, v_n)$，即同一自变量的所有样本点的回归系数在研究区域内都相等时，地理加权回归模型就等价于普通线性回归模型。

地理加权回归模型是一种从"邻居"借数据进行参数估计的模型，它不同于传统线性回归模型的参数估计方法，一般采用的是一些非参数光滑的方法为拟合该数据模型提供思路。当对回归点的参数值进行估计的时候，可以使用和该样本点相近位置的其他样本数据进行回归。以此类推，其他位置的样本也可以采用同样的方法得到。地理加权回归模型的参数估计基于加权最小二乘法，估算的方法如下：

$$\hat{\boldsymbol{\beta}}_i = (\boldsymbol{X}^T \boldsymbol{W}_i \boldsymbol{X})^{-1} \boldsymbol{X}^T \boldsymbol{W}_i \boldsymbol{y} \quad (6.18)$$

其中，$\boldsymbol{W}_i = \text{diag}(w_{i1}, w_{i2}, \cdots, w_{in})$ 是第 i 个样本点作为回归点与其他样本点由位置关系所确定的空间权重矩阵，$\boldsymbol{W}_i$ 是一个 $n \times n$ 的对角矩阵，对角线上的元素是其他样本点相对于第 i 个回归点的空间权重，即对样本 i 参数估计的重要性。w_{ij} 介于 0~1 之间，越接近 1，说明对估计样本 i 的参数所起的作用越大。$\boldsymbol{W}_i$ 实际是通过基于距离和带宽的空间核函数计算得到的。令 $\boldsymbol{x}_i = [1, x_{i1}, x_{i2}, \cdots, x_{ip}]$ 为 $\boldsymbol{X}$ 的第 i 行行向量，则对于 y_i 的拟合值 $\hat{y}_i$，有：

$$\hat{y}_i = x_i\hat{\boldsymbol{\beta}}_i = x_i(\boldsymbol{X}^{\mathrm{T}}\boldsymbol{W}_i\boldsymbol{X})^{-1}\boldsymbol{X}^{\mathrm{T}}\boldsymbol{W}_i\boldsymbol{y} \tag{6.19}$$

地理加权回归模型主要具有局部性、灵活性、可解释性等特点。地理加权回归模型不是在整个研究区域内使用单一的回归参数，而是根据每个观测值的地理位置和地理特征，在局部区域内估计回归参数。这使得模型能够更好地捕捉数据的空间异质性。地理加权回归模型允许在空间中灵活地变动回归参数，故能够更好地适应数据的实际分布情况。通过调整窗口半径和权重函数，可以进一步定制模型以适应特定的问题。此外，由于地理加权回归模型为每个位置估计了独立的回归参数，因此可以直观地解释每个参数如何随地理位置的变化而变化，这有助于理解地理空间数据之间的关系和模式。

目前有一系列的软件用于运行 GWR 和进行 GWR 建模，例如 GWR4、GWmodelS。在几个软件包中也有 GWR 选项，包括 ArcGIS 和 SpaceStat。此外，还有许多其他 R 包，包括 spgwr、gwrr 和 gwmodel。例如，使用 ArcGIS 进行 GWR 模型的相关运算如图 6.19 所示。

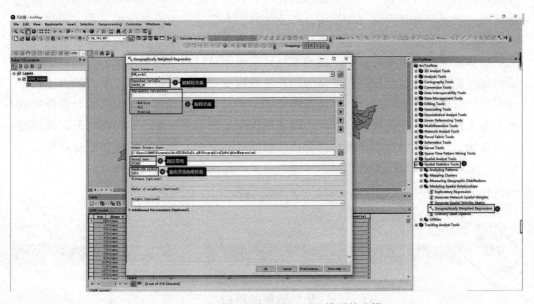

图 6.19 使用 ArcGIS 进行 GWR 模型的建模

GWR 模型的结果主要包含带宽、残差平方和、AICc、R^2 等（见图 6.20）。带宽用来控制模型中的平滑程度，反映空间关系的异质性水平，较大带宽对应较低程度的异质性水平，反之，较小带宽对应较高程度的异质性水平。残差平方和为观测所得 y 值与 GWR 模型所返回的 y 值估计值之间的差值，残差平方和测量值越小，GWR 模型拟合观测数据越好。AICc 是模型性能的一种度量，有助于比较不同的回归模型。考虑到模型复杂性，具有较低 AICc 值的模型将更好地拟合观测数据。R^2 是拟合度的一种度量。其值在 0.0 到 1.0 范围内变化，值越大说明模型的拟合程度越高，此值可解释为回归模型所涵盖的因变量方差的比例。由于 GWR 本质是局部模型，每个样本点都有自己的回归系数，可以将每个影响因素的回归系数进行空间可视化。

表

GeographicallyWeightedRegression6_supp

OBJECTID *	VARNAME	VARIABLE	DEFINITION
1	Bandwidth	431.05861	
2	ResidualSquares	0.039193	
3	EffectiveNumber	7.01025	
4	Sigma	0.04042	
5	AICc	-96.330947	
6	R^2	0.906139	
7	R2Adjusted	0.882624	
8	Dependent Field	0	规制GWR回归数据_ExcelToTable2.qygzl
9	Explanatory Field	1	规制GWR回归数据_ExcelToTable2.hjgz
10	Explanatory Field	2	规制GWR回归数据_ExcelToTable2.jsjb
11	Explanatory Field	3	规制GWR回归数据_ExcelToTable2.ldl
12	Explanatory Field	4	规制GWR回归数据_ExcelToTable2.zb
13	Explanatory Field	5	规制GWR回归数据_ExcelToTable2.cyjg
14	Explanatory Field	6	规制GWR回归数据_ExcelToTable2.dwmy

图 6.20 GWR 建模结果

地理加权回归模型在许多领域都有广泛的应用，尤其在地理学、环境科学、城市规划、区域经济等领域。例如，在区域经济分析中，地理加权回归模型可以用于研究地区经济发展与各种因素（如投资、产业结构、人口流动等）之间的关系。通过分析不同地区的经济数据，可以了解地区之间的经济差异和关联，为区域经济发展和政策制定提供依据。在市场分析中，地理加权回归模型可以用于研究消费者行为和市场需求的空间差异。通过分析不同区域的消费者数据和市场数据，可以了解市场需求的分布和变化规律，为企业营销和定位提供依据。在公共事业管理中，资源的合理分配和规划至关重要。地理加权回归模型可以帮助决策者理解资源需求和供应如何在地理空间中变化，从而更精确地预测和规划资源的需求和分配。例如，在公共医疗设施的规划中，地理加权回归模型可以帮助理解人口分布和疾病模式如何随地理位置变化，从而更合理地布局医疗设施。

专栏 6.2

地价数据的回归

案例：浙江省杭州市宗地价格，2006—2011 年搜集的 98 个地价样本。

(1) 变量。

因变量：宗地价值。

自变量：宗地面积、容积率、到 CBD 的距离、到西湖的距离、到钱塘江的距离、到地铁站的距离、到学校的距离、到医院的距离、到商场的距离、到快速路的距离、到大运河的距离。

(2) OLS（又称特征价格模型）模型结果。

修正 $R^2=0.57$；

方差膨胀因子 VIF，存在多重共线性；

笔记

残差的空间自相关分析：全局 Moran ‘s I 指数为 0.28，标准化 Z 值为

2.8，大于正态分布99%置信区间双侧检验阈值2.58，残差不服从正态分布且存在空间自相关；

Koenker(BP)统计量观测值为23.51，显著性概率为0.015，表明结果存在空间不稳定性。

（3）GWR的回归结果。

R^2值：线性回归模型中R^2值为0.622，而GWR模型的R^2值为0.754，表明GWR模型对自变量变化的解释程度比线性回归模型大为提高；

残差平方和：OLS为1.31×10^9，GWR仅为6.37×10^8。

以上结果说明GWR的拟合结果要好于OLS。

资料来源：张洁. 基于GWR模型的城市住宅地价空间分异研究——以杭州市为例[D]. 杭州：浙江大学，2012.

本章小结

本章主要围绕描述性统计分析、空间自相关分析和空间关系建模展开，旨在培养读者对空间数据的深刻理解和运用。首先，介绍了描述性统计分析的基本方法，通过频率分析、集中趋势分析和离散程度分析等方法，读者能够全面了解空间数据的分布和特征。统计图表的应用，如柱状图、折线图、饼图和桑基图等，不仅增强了数据的可视化表达，也使得复杂的数据结构更加清晰可辨。其次，空间自相关分析是本章的重点之一，通过深入研究空间依赖关系和空间权重矩阵的构建，能够深入了解地理要素之间的邻近关系。Rook邻近、Bishop邻近、Queen邻近的示意图生动形象地呈现了地理要素的邻近关系，而反距离、反距离平方等权重函数则为构建空间权重矩阵提供了有力支持。再次，着重介绍了空间自相关统计量，尤其是Moran's I和Getis-Ord Gi^*的应用。最后，详细探讨了空间关系建模，介绍了空间滞后回归模型、空间误差模型和地理加权回归模型等，从而更好地理解如何通过建立回归方程揭示空间数据的潜在关系。

第六章学习内容思维导图

思考题

1. 描述性统计分析在GIS中的作用和主要方法有哪些？

笔记

2. 比较几种频数分布直方图的特点和应用场景。
3. 平均数、中位数、众数在描述集中趋势时的异同点是什么？
4. 如何选择合适的数据离散程度度量指标？
5. 如何根据数据特点选择合适的统计图形？
6. 探索性空间数据分析的核心内容和关键方法有哪些？
7. 空间依赖关系的两种主要类型及其异同点是什么？
8. 空间权重矩阵的概念、构建方法及作用是什么？
9. 比较全局和局部空间自相关指标的异同。

第七章

数据可视化

数据可视化是指将相对晦涩的数据通过可视的、交互的方式进行展示,从而形象、直观地表达数据蕴含的信息和规律。它利用图形和图像处理、计算机视觉以及用户界面,通过表达、建模以及对立体、表面、属性及动画的显示,对数据加以可视化解释,帮助用户更好地理解和分析数据。

■ 第一节 数据可视化的发展历程

数据可视化的发展历程可以追溯到 17 世纪,当时人们开始采用图表和地图来展示一些重要的信息。随着科学技术的进步,数据可视化的方法和工具也不断发展和完善。18 世纪,人们开始使用更复杂的图形化形式来展示数据,例如等值线、轮廓线等。同时,随着统计理论、实验数据分析的发展,抽象图和函数图也逐渐被发明和广泛应用。进入 19 世纪,统计图形、概念图等迅猛发展,此时人们已经掌握了整套统计数据可视化工具。关于社会、地理、医学和经济的统计数据越来越多,将国家的统计数据和其可视表达放在地图上,产生了概念制图的新思维,其作用开始体现在政府规划和运营中。20 世纪 70 年代之后,随着个人计算机的普及,人们开始采用计算机编程的方式实现可视化;桌面操作系统、计算机图形学、图形显示设备、人机交互等技术的发展,激发了人们通过编程实现交互式可视化的热情。进入 21 世纪后,原有的可视化技术已难以应对海量、高维、多源和动态的数据分析挑战。大数据、数据分析行业迎来了高速发展时期,国家与企业更加重视数据价值,强调数字化建设的重要性。人类需要综合可视化、图形学、数据挖掘以及新的理论模型、用户交互手段等技术,辅助现代社会用户应对当下的挑战。

■ 第二节 数据地图符号化

数据地图可视化离不开地图的符号化,数据地图符号化是一种使用符号来表示地图图层中的数据要素和属性的过程。这个过程考虑数据的属性特征、地图的用途、制图比例尺等因素，将地理要素以不同的颜色、大小、形状、填充等方式呈现，以便更好地表达地理数据的含义和特征。例如，在地图的图层中，黑色圆圈可以代表城市，而用于描绘每个城市人口的圆圈大小可能会有所不同。

地图数据可以分为点、线、面 3 种不同的要素类型。无论是哪种要素，都可以依据其属性特征采取单一符号（single symbol）、分类符号（unique symbol）、分级色彩（graduated color）、分级符号（graduated symbol）、比率符号（proportional symbol）、点值符号、统计符号、组合符号（multivariate symbol）、分类栅格符号、分级栅格符号、栅格影像地图等多种表示方法实现数据的符号化，编制符合需要的各种地图。

一、单一符号设置

单一符号表示方法就是采用统一大小、统一形状、统一颜色的点状符号、线状符号或面状符号来表达制图要素，而不管要素本身在数量、质量、大小等方面的差异，其效果见图 7.1。

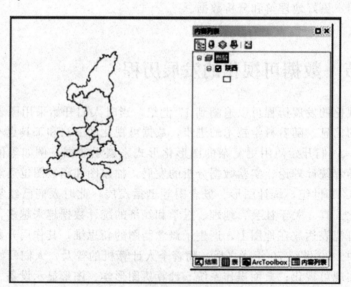

图 7.1　单一符号设置效果图

显然，单一符号表示方法不能反映制图要素的定量差异，而只能反映制图要素的地理位置。正是由于单一符号表示方法的这种特点，其在表达制图要素的空间分布规律特性方面，具有其他表示方法无与比拟的优势。

二、分类符号设置

分类符号表示方法是根据数据层要素属性值来设置地图符号的，具有相同属性值的要素采用相同的符号，而属性值不同的要素应用不同的符号，符号的差异表现在符号的形状、大小、色彩、图案等多个方面。其效果见图 7.2。

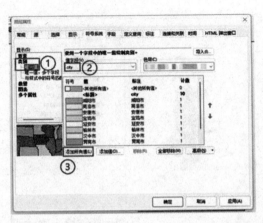

图 7.2 分类符号设置过程及效果图

分类表示方法常用于表示分类地图，如土地利用图、行政区划图和城镇类型图等。可见这种表示方法有利于反映地图要素的数量或质量差异，尤其是不同的类别。所以当需要完成某项行动计划时，分类地图有助于提供决策支持信息。

这是最基本的分类符号表示方法的符号设置过程，除此之外，GIS 系统还提供了其他表示方法。

（1）同时按照多个属性值的组合进行分类来确定符号类型（unique value、many fields），效果如图 7.3 所示。

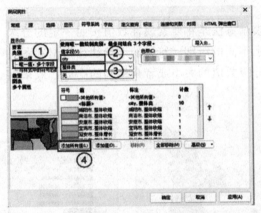

图 7.3 按多个属性值组合进行分类的过程及效果

（2）在 Layer Properties 符号窗口中，还可以任意组合属性分类（group values），对属性分类进行排序。

三、分级色彩设置

分级色彩表示方法是将要素属性数值按照一定的分级方法分成若干级别，然后用不同的颜色表示不同的级别。

通常颜色的选择取决于制图要素的特征，随着分级数值的由小到大或者是级别的由低到高，色彩往往逐渐变化，效果如图 7.4 所示。

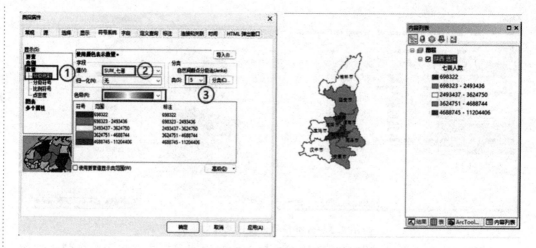

图 7.4　分级色彩设置过程及效果图

分级色彩表示方法一般用于表示面状要素，诸如人口密度分级图、粮食产量分级图等。其特点是可以明确地反映制图要素的定量差别，如果分级方案科学、色彩应用合理，还可以非常客观地反映制图要素的宏观分布规律。所以，制图要素数值的分类与色彩方案的选择是分级色彩表示方法的两大重要问题。

四、分级符号设置

类似于分级色彩表示方法，分级符号表示方法是将要素属性数值按照一定的分级方法分成若干级别，然后用不同的符号表示不同的级别。符号的形状往往根据制图要素的特征来确定，而符号的大小则取决于分级数值的大小或者是级别的高低，效果如图 7.5 所示。

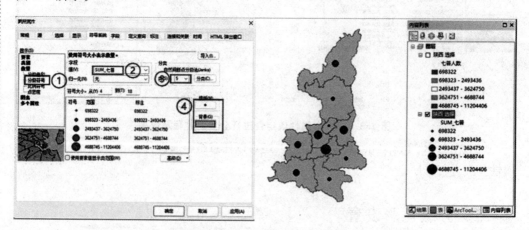

图 7.5　分级符号设置过程及效果图

分级符号表示方法一般用于表示点状和线状要素，诸如城镇人口分级图、商业销售分级图，道路等级分布图等。

分级符号设置方法可以非常直观地表达制图要素的数值差异，制图要素分级与符号选择是分级符号表示方法应用的关键。

五、比率符号设置

比率符号表示方法是按照一定的比率关系，来确定与制图要素属性数值相对应的符号大小，属性数值与符号大小是一一对应的，效果如图 7.6 所示。

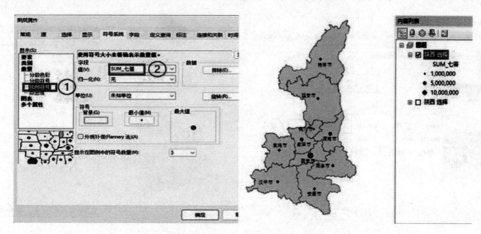

图 7.6 比率符号设置过程及效果图

显然，这种方法能够通过符号的大小来反映所有制图要素的数量特征，弥补了分级符号方法的不足。当然，如果属性数值差异太大，导致最大的比率符号过大、无法在地图上表示，还必须应用分级符号方法表示。比率符号表示方法可以同时应用于点状、线状、面状要素的表示。

六、点值符号设置

点值法是专题地图表示方法之一，是用一定大小的点状符号表示一定数量的制图要素，以表示一定区域范围的密度数值。数值较大的区域点值符号较多，数值较小的区域点值符号较少，加之区域大小本身的差异，必然导致点值符号空间分布的密度差异，形成一种点密度图，从而直观地反映制图要素数值的空间分布，效果如图 7.7 所示。

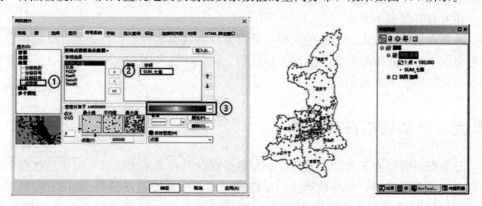

图 7.7 点值符号设置过程及效果图

七、统计符号设置

统计图（statistical charts）是专题地图中经常应用的一类符号设置，用于表示制图要素的多项属性，如多项分区统计指标或定点统计指标等，效果如图 7.8 所示。

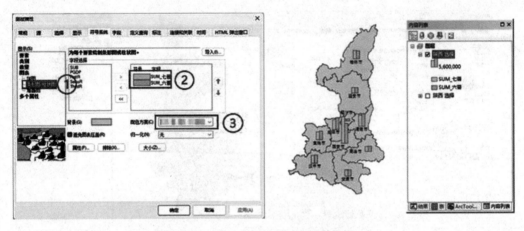

图 7.8　统计符号设置过程及效果图

常用的统计图包括饼状图（pie charts）、柱状图（bar charts）、累积柱状图（stacked bar）等。

饼状图：常用于表示制图要素的整体属性与组成部分之间的比例关系。

柱状图：常用于表示制图要素的两项可比较的属性或者是变化趋势。

累积柱状图：既可以表示相互关系与比例，也可以表示相互比较与趋势。

八、组合符号设置

在实际应用中，几乎每一个要素都会包含若干项相关的属性，如城镇数据层中既有反映城镇规模的城镇人口，还有城镇国民经济生产总值等；道路数据层中可能包含道路的等级，还可能包含道路的运输量等；行政区划数据层中，既有行政区的人口密度，还有森林覆盖率等。

如果在反映城镇人口规模的同时，还需要反映城镇的行政名称，就可以选择组合符号表示方法，用符号的大小表示人口规模，同时用符号颜色表示行政等级。设置过程及效果如图 7.9 所示。

九、分类栅格符号设置

分类栅格符号表示方法是表达专题栅格数据的一种常用方法（专题栅格数据是栅格数据中的重要类型，如栅格类型的土地利用图、植被覆盖图等），是用不同的颜色表示不同的专题类别，表面上类似于分类色彩符号法。设置过程及效果如图 7.10 所示。

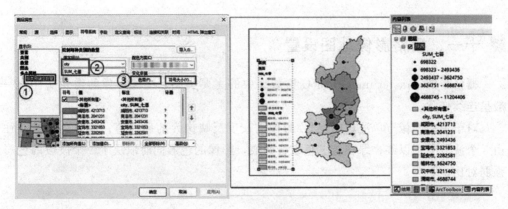

图 7.9 组合符号设置过程及效果图

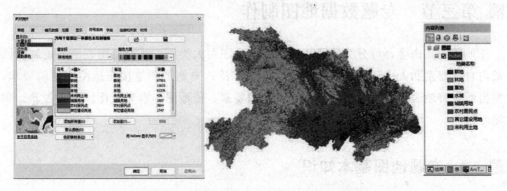

图 7.10 分类栅格符号设置过程及效果图

十、分级栅格符号设置

与分类栅格符号表示方法主要表示栅格数据类型分类图不同，分级栅格符号表示方法主要是用于表示栅格数据类型的分级图，诸如地势图、植被指数图、地下水位图等。

右键点击栅格图层"属性""符号系统"，在左侧的"显示"列表下选择"已分类（Classified）"，在右边具体设置分级方法和分级界限等，同时勾选"用像元值显示分类间隔（H）"，点击"应用"。设置过程及效果如图 7.11 所示。

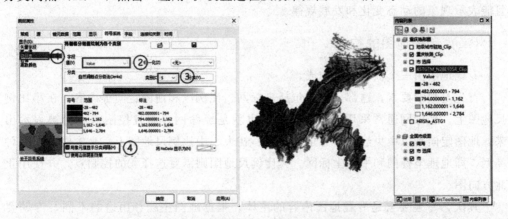

图 7.11 分级栅格符号设置过程及效果图

十一、栅格影像地图设置

栅格影像（raster image）是栅格数据中的主要类型，组成影像的像元属性值一般呈连续变化。

对于黑白图像（单波段图像），影像的灰度反映像元的属性值；而彩色图像往往由 3 个波段分别以红、绿、蓝三色组合而成，影像的色彩同时取决于 3 个波段的色彩强弱对比。

第三节　专题数据地图制作

地图按其内容，可分为普通地图和专题地图两大类型。普通地图表示的是制图区域内自然要素和人文要素的一般特征，应用广泛；专题地图是按照地图主题的要求，突出而完善地表示与主题相关的一种或几种要素，使地图内容专题化、形式各异、用途专门化。

一、专题地图基本知识

（一）专题地图的特征

专题地图一般具有以下特征。

第一，专题地图只将一种或几种与主题相关联的要素特别完备而详细地显示，而其他要素的显示则较为概略，甚至不予显示。

第二，专题地图的内容更加广泛多样。专题地图上表示的内容，除了包括那些在地表上能见到的和能进行测量的自然现象或人文现象外，还有那些往往不能见到的或不能直接测量的自然现象或人文现象。专题地图不仅能表示现象的现状及其分布，而且能表示现象的动态变化和发展规律。

（二）专题地图的构成

专题地图由三个核心部分构成。

首先是数学要素，这部分主要包括坐标网、比例尺和地图定向等内容。在小比例尺地图上，坐标网通常采用地理坐标网，也就是经纬网，而且控制点不会被表示出来；地图定向是以中央经线作为正北方向。在大、中比例尺地图上，坐标网存在两种类型，即地理坐标网和平面坐标网。大比例尺地图则需要选择大的控制点，并使用正北方向图。

其次，专题要素是专题地图内容的主体。根据地图主题和用途的不同，专题要素的表示方法、精确度和复杂度都会有所不同。专题要素在某些地图中只表示一种要素，而在其他地图中可能表示多种要素。不同的表示方法对专题内容的呈现有重要影响，有些方法可以详细而精确地表达专题内容，而其他方法则只能概略地进行表达。

最后是地理底图要素，这些要素描述区域地理状况的水系、居民地、交通网、地貌、土质、植被及境界等。底图是专题地图的基础，具有确定方位的作用，并作为专题要素的控制系统。底图中的这些要素就构成了地理底图要素。在专题地图中，地理底图要素有助于说明专题现象发生的地理环境，因此其内容应位于第二或第三平面。为了不干扰专题要素的表达，地理底图要素的颜色通常采用浅淡色调，其内容容量也需合理安排。

（三）专题地图的分类

地图分类的标准很多，就专题地图而言，主要有按内容、按数据特征、按内容概括程度和按用途分类。

1. 按内容分类

专题地图按照其内容的专题性质，通常可以分为三种基本类型：自然地图、人文地图和其他专题地图。每一类地图又可以根据其具体内容进一步细分为若干种。

（1）自然地图。这类地图主要关注自然地理要素，包括地势图、地质图、地球物理图、地貌图、气象气候图、水文图、土壤图、植被图、动物地理图和综合自然地理图等。

（2）人文地图。这类地图主要关注人文地理要素，包括政区地图、人口地图、经济地图、文化地图和历史地图等。

（3）其他专题地图。这类地图涵盖了那些既不属于自然地图也不属于人文地图的特种用途的地图。如航海图、航空图特种军用地图、城市地图、规划设计地图等，或者是一些包含自然和人文要素的综合性地图。

2. 按数据特征分类

从内容的数据特征来看，专题地图主要涉及两种数据：定性数据和定量数据（包括分级数据）。

（1）定性数据。这类数据用于表达专题内容的质量特征，即不同类别之间的差异。无论所反映的现象具有何种空间分布状态，只要是用于表达其质量类别差异的数据都属于定性数据。

（2）定量数据。这类数据用于表达专题内容的数量特征，即反映数量的概念。无论这些现象呈点状、线状还是面状分布，也不论它们属于哪个类别，只要是用于表达数量大小的数据都属于定量数据。

（3）分级数据。实质上它是定量数据的一种衍生物，用于表达专题内容的数量特征。采用数学简化的方法，根据对象数量大小分布的规律，将它们分成若干等级。将这些分属不同级别的对象用相应级别范围的符号来表达的数据即为分级数据。所有不需要用具体数值来表达对象而采用分级方式表达的数据都属于分级数据。

3. 按内容概括程度分类

专题地图按其内容在地图上概括的程度，可分为解析型图、合成型图和综合型图三种。

解析型图也称分析型图，是指对表达的专题现象未经概括或很少概括，以其各自的具体指标来显示某一方面特性的地图。

合成型图也称组合型图，是指将几种不同的，但相互有联系的指标进行组合和概括，以显示现象组合特征的地图。

综合型图又称复合型图，是指在地图主题的要求下，将几种要素或现象各自独立地表示在同一幅地图上。这些要素或现象有的可能是属于解析型图表示的内容，有的可能属于合成型图表示的内容，既有现象的具体指标显示，又有现象合成的反映。

4. 按用途分类

普通地图的用途与比例尺有关。专题地图的用途则不一定仅受比例尺的影响，主要与地图内容有密切关系；有时同样的内容，使用的侧重面不同也有区别。

专题地图按用途可分为通用地图和专用地图两大类。通用地图通常分为一般参考用图和科学参考用图两类，而专用地图则有教育用图、军事用图和工程技术用图等。

（四）专题数据地图

专题数据地图是指针对某个特定主题或问题，通过收集、整理、分析数据，运用适当的图表形式将数据呈现出来，以帮助人们更好地理解和解释该主题或问题的数据表现。它包括各种类型的图表，如柱状图、折线图、饼图、散点图等，以及更复杂的数据可视化技术，如热力图、网络图等。这些图表可以以静态或动态的形式呈现，提供更直观、更深入的数据洞察。

专题数据地图是 GIS 中一种常用的数据可视化手段。在 GIS 中，专题数据地图通过将地理数据与专题图层相结合，使用特定的符号、颜色和样式来呈现地理要素的空间分布、属性和相互关系。这种地图能够直观地展示地理数据的空间特征和规律，有助于用户更深入地理解和分析地理环境。

专题数据地图在 GIS 中的应用范围非常广泛，可以应用于多个领域，如城市规划、环境保护、资源调查、灾害监测等。通过专题数据地图，用户可以直观地了解地理要素的空间分布和相互关系，为决策提供重要的参考依据。

二、基于 GIS 制作专题数据图

根据数据属性、制图要求和目的，基于 GIS 的专题数据图制作大体遵循以下的基本步骤：首先加载相关的专题要素和底图要素，查看并添加需要修改的属性；然后将专题要素以图形的方式表达出来，如地名或自定义的标签；最后在制图模式下添加需要的底图要素进行整饰。

(一) 基本步骤

1. 数据源及数据下载

1) GIS 空间数据源种类

GIS 的数据源是指用于建立地理数据库的各种数据来源，主要包括地图、遥感数据、文本资料、统计资料、实测数据、多媒体数据和已有系统的数据等。

(1) 地图。地图是 GIS 的重要数据源，提供了点、线、面等不同类型的数据，如居民点、采样点、高程点、控制点等点状要素；河流、道路、构造线等线状要素；湖泊、海洋、植被等面状要素；以及地名注记、高程注记等注记要素。

(2) 遥感数据。遥感数据是 GIS 的重要数据源，含有丰富的资源与环境信息。在 GIS 支持下，遥感数据可以与地质、地球物理、地球化学、地球生物、军事应用等方面的信息进行信息复合和综合分析。此外，遥感数据也是一种大面积的、动态的、近实时的数据源，是 GIS 数据更新的重要手段。

(3) 文本资料。各行业、各部门的有关法律文档、行业规范、技术标准、条文条例等文本资料也是 GIS 的数据源之一，如边界条约等。

(4) 统计资料。国家和军队的许多部门和机构都拥有不同领域的大量统计资料，如人口、基础设施建设、兵要地志等，这些都可以作为 GIS 的数据源，尤其是 GIS 属性数据的重要来源。

(5) 实测数据。野外试验、实地测量等获取的数据可以通过转换直接进入 GIS 的地理数据库，以便进行实时的分析和进一步的应用。GPS 所获取的数据也是 GIS 的重要数据源。

(6) 多媒体数据。它包括声音、录像等多媒体数据，通常可通过通讯口传入 GIS 的地理数据库中，目前其主要功能是辅助 GIS 的分析和查询。

(7) 已有系统的数据。GIS 还可以从其他已建成的信息系统和数据库中获取相应的数据，由于规范化、标准化的推广，不同系统间的数据共享和可交换性越来越强。这样拓展了数据的可用性，增加了数据的潜在价值。

2) 数据下载途径

目前主要的 GIS 数据免费下载网站有以下几类，其余还有付费下载网站。

(1) 地理空间数据云（网址：gscloud.cn/）。

地理空间数据云现有的数据资源包括 Landsat 系列数据、MODIS 陆地标准产品、MODIS 中国合成产品、MODISL1B 标准产品、DEM 数字高程数据、GLS 全球陆地调查数据、NOAAAVHRR 数据产品等。

(2) 国家卫星气象中心（网址：www.nsmc.org.cn）。

该网站提供风云系列、MODIS 等产品数据的下载。

(3) 中国科学院数据云（网址：www.csdb.cn）。

该网站除了可以下载 LANDSAT、DEM、MODIS 等数据产品外，还提供数据云存储、计算、归档、论文查找等综合性服务。

(4) 国家地球系统科学数据共享服务平台（网址：www.geodata.cn）。

该网站主要有全国层面的地表过程与人地关系数据、典型区域地表过程与人地关系数据、全球变化与区域响应综合集成数据产品、日地系统与空间环境数据、国际数据资源等。

（5）资源环境数据云平台（网址：resdc. cn/）。

该网站由中国科学院地理科学与资源研究所和中国科学院资源环境科学数据中心一起运营支撑，主要的数据方向是中国的资源环境数据。

（6）Natural Earth Data（网址：naturalearthdata. com）。

Natural Earth Data 提供了全球范围内的矢量和影像数据。Natural Earth Data 的最大优势在于数据是开放性的，用户有传播和修改数据的权限。

（7）OpenStreetMap（网址：openstreetmap. org）。

该网站提供用户上传和官方运营的数据，这里的矢量数据较多，尤其是国外的城市数据。

（8）USGS Earth Explorer（网址：usgs. gov/）。

美国地质勘探局（United States Geological Survey，USGS），是美国内政部所属的科学研究机构。其官网上提供最新、最全面的全球卫星影像，包括 Landsat、Modis 等，是数据类型较为全面，实时性较好的一个数据网站。

（9）FAO GeoNetwork（网址：fao. org/）。

FAO 是一个全球 GIS 数据集，通过它可以下载到农业、渔业、土地资源相关的 GIS 数据，同时它提供相关卫星图像数据。

2. 环境设置及数据处理

（1）坐标系设置。可以直接设置地图或场景的坐标系，也可以根据地图或场景中的图层对其进行定义，或者根据其他数据源对其进行设置。在某些特定的工作中，可使用未知的坐标系。

（2）数据预处理。根据准备的数据类型（如表格数据）进行数据格式处理及转换，以满足适用于 GIS 的条件。

（3）数据处理。空间数据添加后不可避免地存在一般性错误，如数据不完整、空间数据位置不正确、空间数据比例尺不准确、空间数据变形、几何和属性连接有误。因此 GIS 数据处理的目的在于修正数据输入错误、维护数据的完整性和一致性、更新地理信息。GIS 的数据处理包含以下内容：数据编辑、空间数据的误差分析和校正、空间数据的压缩与光滑、坐标变换、拓扑关系的自动建立、栅格数据与矢量数据的互相转换。

3. 属性表达及符号化设置

（1）属性表达。根据专题地图的使用目的，将专题要素图形表达出来，如土地利用类型、人口密度、产值分级等。

（2）符号化设置。根据要素属性及想要呈现的效果，对数据进行符号化设置。

4. 地图整饰

地图整饰指研究地图图像设计的理论、原则和方法，运用视觉感受的基本规律和形式美的基本法则，设计和绘制地图内容的最佳表现形式，实现地图的实用价值和一定的审美价值。

地图整饰研究的内容包括：色彩设计、符号设计、图外整饰、图上要素的组织、图像视觉的心理基础、形态构成及其形式美法则、图形设计、立体整饰等。

制作数据地图过程中，地图整饰的内容包括在制图模式下添加标题、比例尺、图例、指北针等要素，并且合理布局与配色。

5. 地图输出

根据需要，将制图结果保存为不同格式及分辨率，最后导出保存。

（二）实例1：制作自然专题数据地图，以重庆市为例

1. 数据下载

进入"地理空间数据云"网站，注册/登录后，点击"高级检索"，如图7.12所示。

图 7.12 "地理空间数据云"网站首页

选择相对应的数据集、空间位置，依次下载所有显示出的记录（重庆市共有21条数据），如图7.13所示。

图 7.13 网站数据检索页面

2. 添加数据及数据处理

新建地图后,点击"添加数据"符号,添加相应数据(共 21 条数据),如图 7.14 所示。

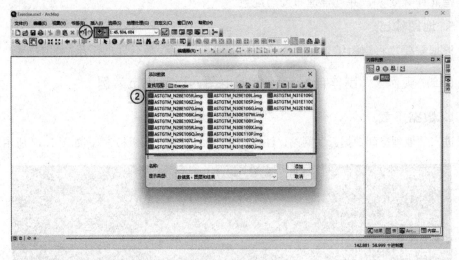

图 7.14 添加数据

点击"是"创建金字塔,如图 7.15 所示。

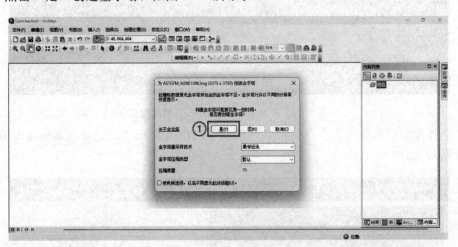

图 7.15 创建金字塔

21 条数据拼接在一起后有间隙,如图 7.16 所示,因此进行栅格镶嵌。

点击"Arctoolbox"—"数据管理工具"—"栅格"—"栅格数据集"—"镶嵌","输入栅格"处输入所有栅格,"目标栅格"选择任一栅格(记住该栅格名字),操作如图 7.17 所示。

镶嵌完成后,移除除了上一步骤中"目标栅格"以外的其余栅格,得到拼接完整的重庆市地形图,如图 7.18 所示。

添加全国市界 shp 图,右键点击内容列表中的市界限图—"属性"—"按属性选择"—选择"省"—"重庆市",右键点击内容列表中的市界限图—"选择"—"根据所选要素创建图层",得到重庆市界限图,如图 7.19 所示。

153　第七章　数据可视化

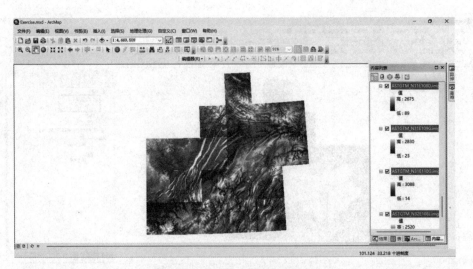

图 7.16　存在间隙问题的栅格图

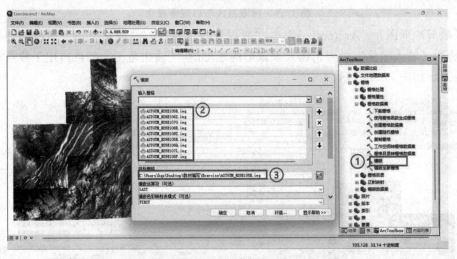

图 7.17　栅格镶嵌过程

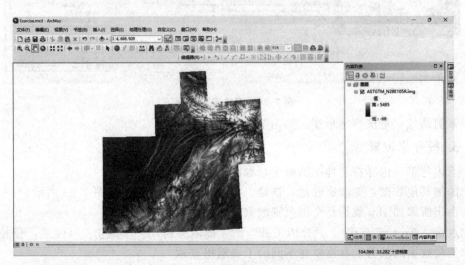

图 7.18　栅格镶嵌成果

笔记

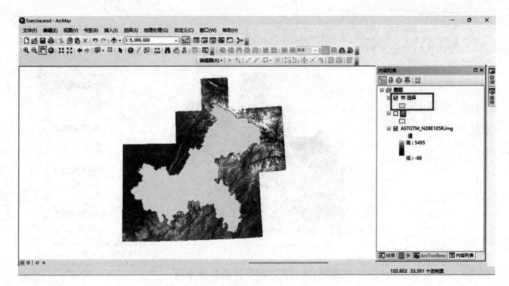

图 7.19 提取重庆市界限图成果

裁剪地形图:"Arctoolbox"—"数据管理工具"—"栅格"—"栅格处理"—"裁剪","输入栅格"处点击需要被裁剪的地形图,"输出范围"处点击用于裁剪的市界线图,如图 7.20 所示。

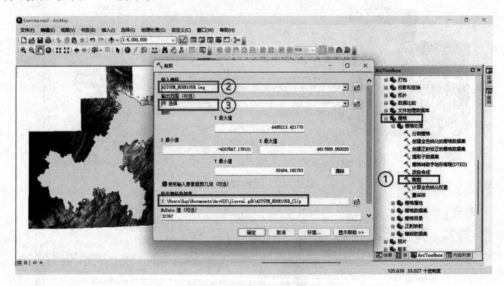

图 7.20 栅格裁剪过程

裁剪结果:重庆市地形图,如图 7.21 所示。

3. 符号化设置

点击色带,选择符合地图的颜色,如图 7.22 所示。

添加其他数据,如政府驻地、铁路、公路、河流等数据,如图 7.23 所示。

由于所添加 shp 数据是全国范围数据,因此须对其进行裁剪:

点击"Arctoolbox"—"分析工具"—"提取分析"—"裁剪"(注意:栅格数据和矢量数据的裁剪工具需要在不同的工具箱里获取)。

图 7.21　栅格裁剪结果

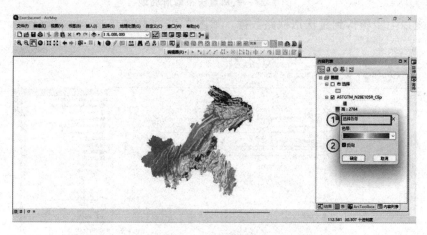

图 7.22　色带选择

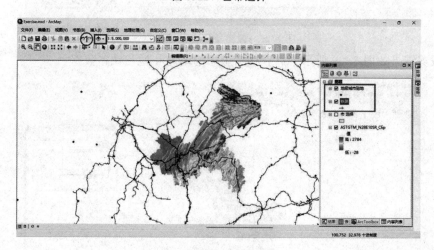

图 7.23　添加底图要素

"输入要素"处选择被裁剪对象,"裁剪要素"处选择用于裁剪的对象,得到重庆市政府驻地数据,如图 7.24 所示。

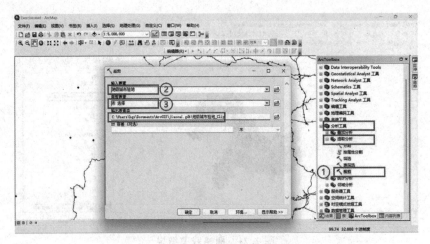

图 7.24　裁剪重庆市政府驻地

重复以上步骤得到重庆市铁路数据，如图 7.25 所示。

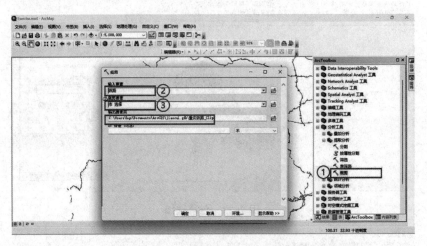

图 7.25　裁剪重庆市铁路数据

裁剪结果如图 7.26 所示，然后移除全国的政府驻地和铁路数据。

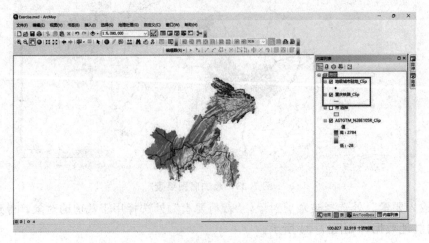

图 7.26　裁剪结果

点击图层下方符号，选择适宜的符号，对其进行美化，如图 7.27 所示。

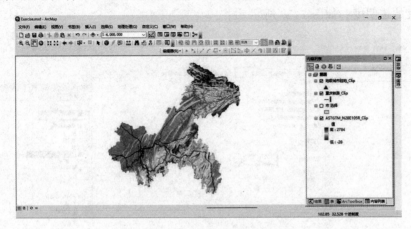

图 7.27　对政府驻地和铁路符号化

为使地形图更加精美，制作具有立体效果的地貌晕渲图："Arctoolbox"—"Spatial Analyst"—"表面分析"—"山体阴影"，"输入栅格"处选择裁剪后的地形 dem 图，如图 7.28 所示。

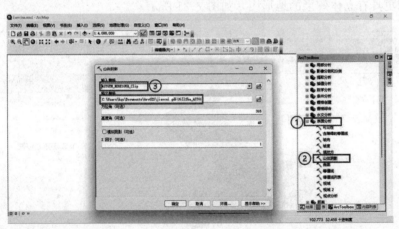

图 7.28　使用山体阴影工具

得到结果如图 7.29 所示。

图 7.29　山体阴影建立结果

将得到的山体阴影图移至地形图下方，右键点击地形图—"属性"—"显示"—输入适宜的透明度，如图 7.30 所示。

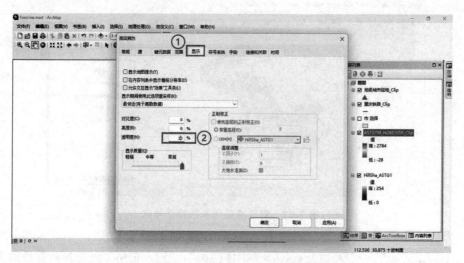

图 7.30　山体阴影图层属性设置

得到更具有立体效果的地形图，如图 7.31 所示。

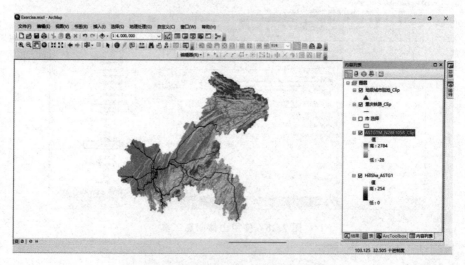

图 7.31　添加山体阴影后的立体地形图

4. 地图整饰

点击左下角布局视图，空间数据显示在一个新的地图布局里，当前的数据框处于居中位置，如图 7.32 所示。

根据地图大小及出图需求调整页面：点击"页面"—"页面及打印设置"，出现页面设置对话框，在地图页面设置栏中，去掉使用打印机纸张设置前的勾选号"√"，对页面大小选择适宜的宽度和高度，如图 7.33 所示。

插入图例，选择需要显示的图例项和适宜的列数（如添加的图例较多，可设置列数为 2，并调整图例的上下排放顺序），如图 7.34 所示。

第七章 数据可视化

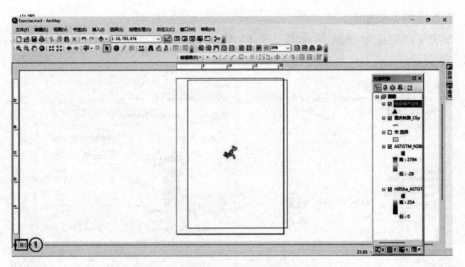

图 7.32 布局视图

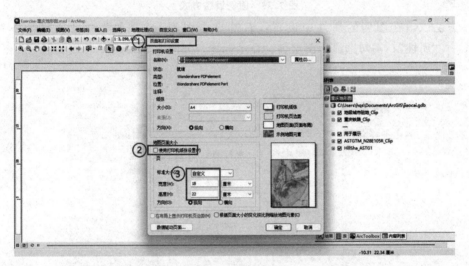

图 7.33 页面设置

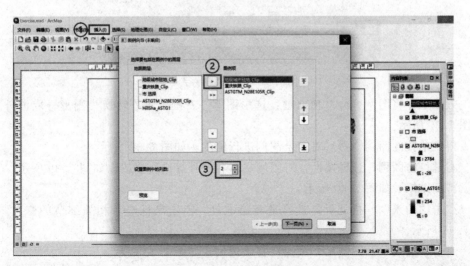

图 7.34 图例添加过程

笔记

调整图例方法如下。

方法一：在符号系统里设置，去除图例中多余的图层名和属性字段名，如图7.35所示。

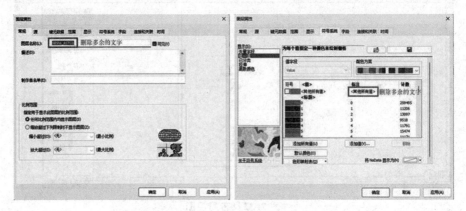

图 7.35　图例调整方式 1

方法二：在图例的属性中设置：右键点击图例—"属性"—"项目"—"样式"—"属性"，不勾选显示图层名、显示标题，如图7.36所示。

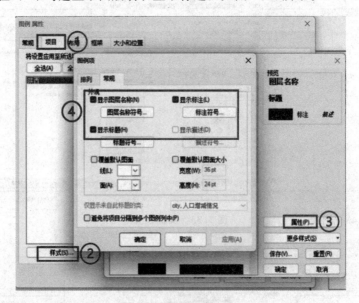

图 7.36　图例调整方式 2

方法三：将图例拆分单独处理：选中图例—右键点击—转换为图形—取消分组，如图7.37所示。

得到单独的图例，然后对多余图例进行删除，如图7.38所示。

右键点击图例，选择属性，对图例文本和符号等进行修改，如图7.39所示。

得到结果，如图7.40所示。

点击"插入"—指北针，选择适宜指北针，点击属性进行相关细节的修改，如图7.41所示。

点击"插入"—比例尺，选择适宜比例尺，如图7.42所示。

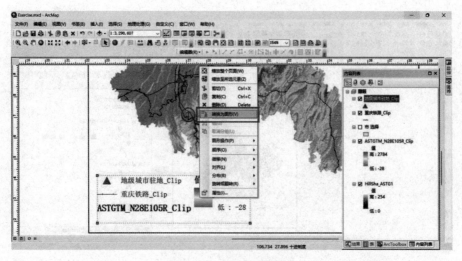

图 7.37　图例调整方式 3

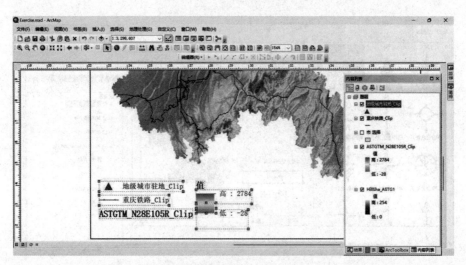

图 7.38　图例调整后效果

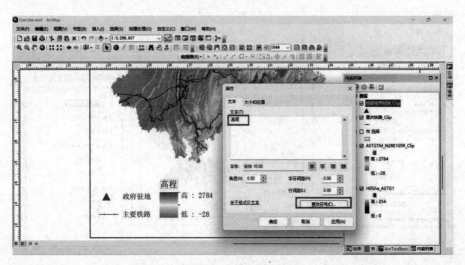

图 7.39　图例属性修改

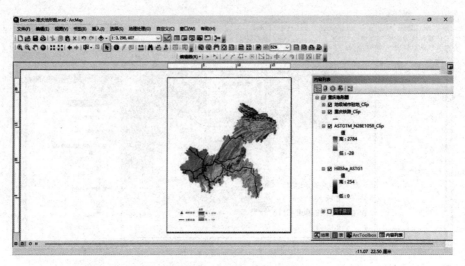

图 7.40　图例调整后成果

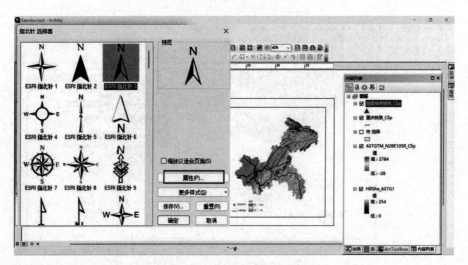

图 7.41　指北针插入及属性修改

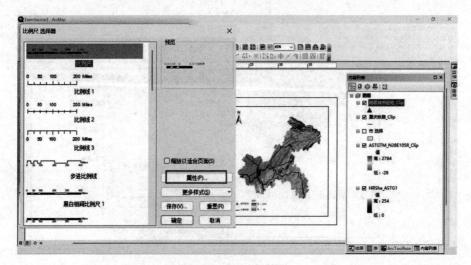

图 7.42　比例尺插入

比例尺属性修改：根据实际需要进行刻度数修改；主刻度单位修改为"千米"，如图 7.43 所示。点击"格式"—选择统一的字体，如图 7.44 所示。

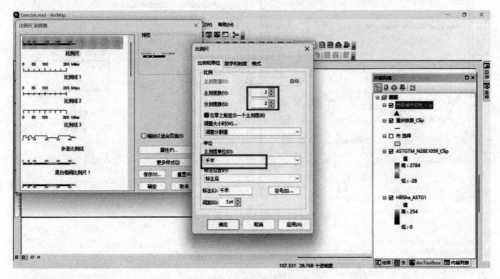

图 7.43　比例尺属性修改 1

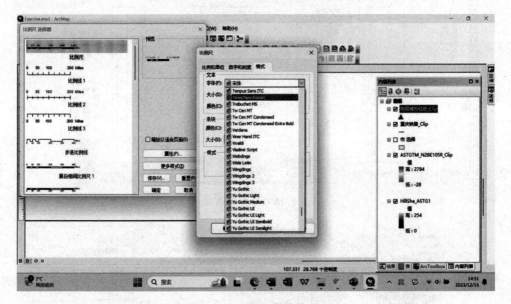

图 7.44　比例尺属性修改 2

插入标题：右键点击"插入"—"标题"，输入"重庆市地形图"，添加以后，右键点击标题，点击属性，对字体字号进行设置，如图 7.45 所示。

添加重庆地形图的经纬度：选中重庆地形图的数据框—右键点击—"属性"—"格网"—"新建格网"—"经纬网"，如图 7.46 所示。

根据图幅范围选择适宜间隔，在下一页的文本样式里对字体字号进行修改，其余选择默认设置，完成上述步骤后，点击属性，修改经纬度标注的相关细节，如图 7.47 所示。

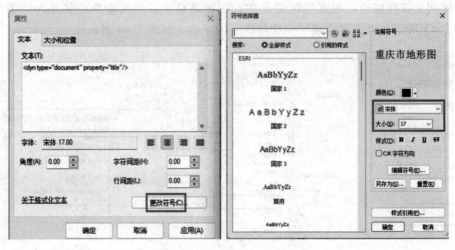

图 7.45 标题插入及属性修改

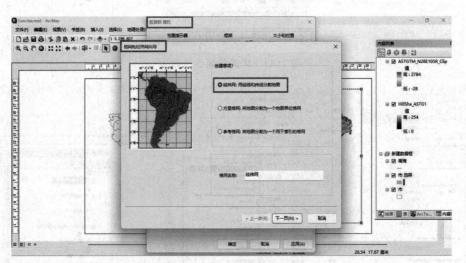

图 7.46 经纬度添加

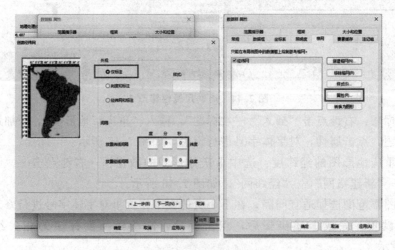

图 7.47 经纬度属性修改

对轴的刻度和标注轴进行选择，标注方向选择"右"，并修改标注字体和大小，如图7.48所示。

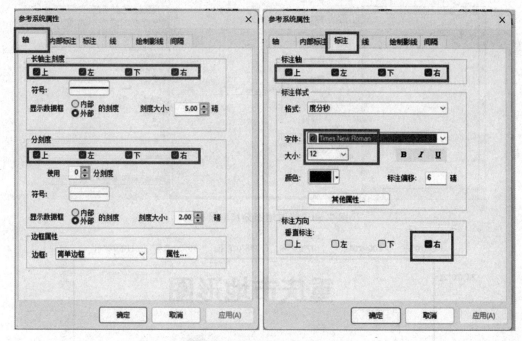

图7.48 经纬度标注属性修改

5. 地图输出，将制图结果导出保存

点击"文件"—导出地图，如图7.49所示。

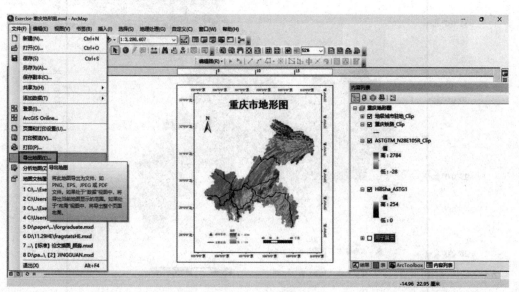

图7.49 导出地图

选择合适的位置，修改分辨率至所需大小，如图7.50所示。

得到重庆市地形图，如图7.51所示。

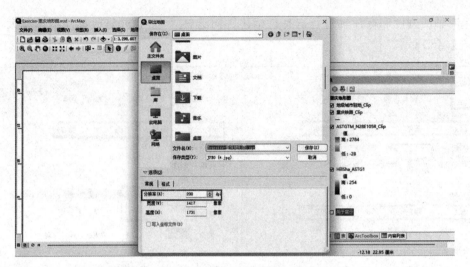

图 7.50 修改地图分辨率及格式

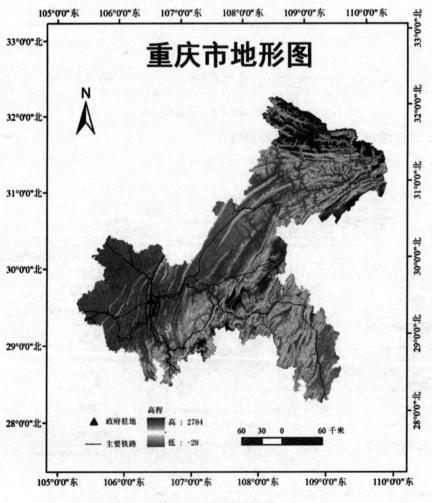

图 7.51 重庆市地形图

(三) 实例 2：制作人文专题数据地图，以陕西省为例

添加数据，如图 7.52 所示。

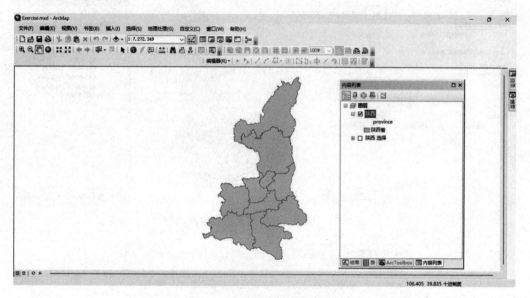

图 7.52　陕西省 shp 数据添加

符号化设置：打开"陕西"图层的属性设置—符号系统—数量—分级色彩，对"SUM_七普"字段采用分级色彩渲染，并调整分级的方法为自然断点法，分级数为 4，如图 7.53 所示。

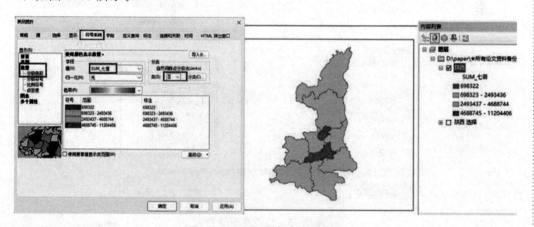

图 7.53　分级渲染过程及效果

添加各市名称标注：打开"陕西"图层的属性设置—标注—勾选"标注此图层中的要素"—标注字段选择"city"，并修改相应的字体和字号，如图 7.54 所示。

进入地图布局视图：选择菜单视图——布局/版面视图，图形的显示由"数据视图"状态进入"布局/版面视图"状态。此时，空间数据显示在一个新的地图布局里，当前的数据框处于居中位置。

地图页面设置：选择菜单文件/页面设置，出现页面设置对话框，该对话框中有上下两栏，上栏为打印机设置，下栏为地图页面设置。在地图页面设置栏中，去掉使

用打印机纸张设置前的勾选号"√",表示地图布局大小与系统打印机无关。然后继续进行设置,如图 7.55 所示。

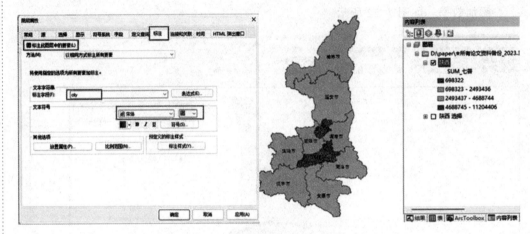

图 7.54 图层要素标注添加过程及效果

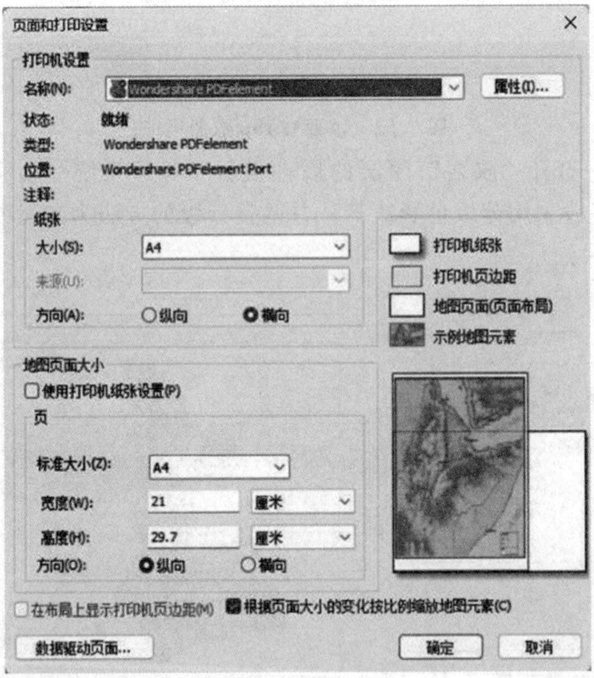

图 7.55 地图页面设置

将光标移到布局视图的纸面中,置于数据框地图之外,单击鼠标的右键,在弹出菜单中选择 ArcMap 选项,出现了 ArcMap 选项对话框,选择布局视图标签,进行如图 7.56 所示的设置。

点击"确定"键返回。纸面上有了格网,地图布局中的各种元素可以准确地放置在格网的交叉点上,格网本身不会打印,如图 7.57 所示。

设置数据框:将光标移动到数据框内,单击鼠标的右键,在弹出的菜单中选择属性,数据框属性对话框出现,可以在其中设定地图显示的相关参数,如图 7.58 所示。

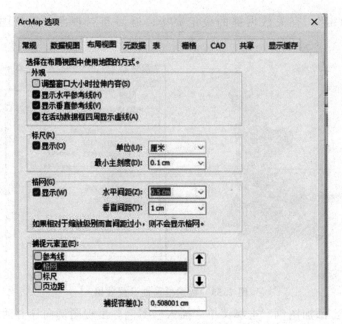

图 7.56　ArcMap 格网设置

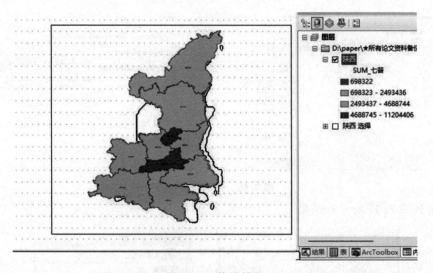

图 7.57　格网效果

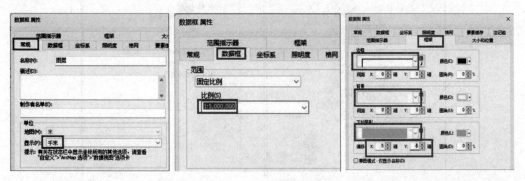

图 7.58　数据框属性设置

点击"确定",有关数据框的设定完毕,返回布局视图,得到图 7.59 所示的结果。

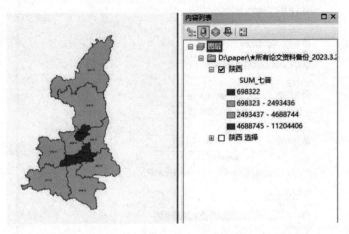

图 7.59　数据框属性设置效果

地图整饰:添加图例。选择菜单—插入—图例,出现图例向导对话框,按要求进行设置,如图 7.60 所示。

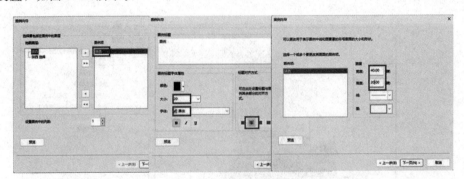

图 7.60　图例添加过程

得到图 7.61 所示的结果。

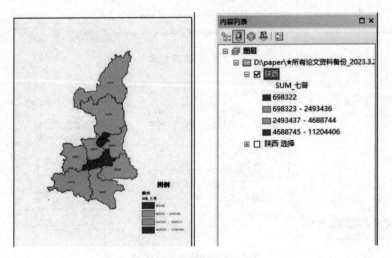

图 7.61　图例添加成果

去除多余的图例项：右键点击图例—属性—项目—样式—属性—取消勾选相应选项，如图 7.62 所示。

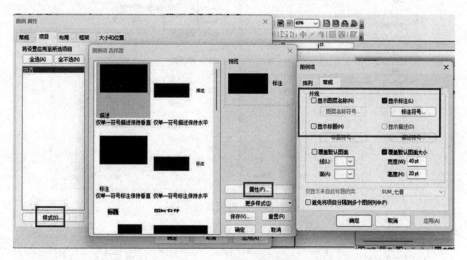

图 7.62　图例内容调整

得到如图 7.63 所示的结果。

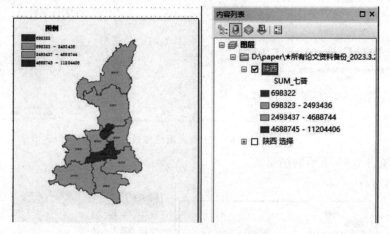

图 7.63　图例内容调整后成果

添加比例尺：选择菜单插入—比例尺，出现比例尺选择器对话框，其中有多种类型的比例尺，点击名为"步进"的比例尺，按确定键添加。在地图布局上出现浮动的比例尺图形，用鼠标将其移动到合适的位置。双击比例尺，进入步进比例尺属性对话框，进行如图 7.64 所示的设置。

在 ArcMap 中也可以在地图布局中设置显示文字形式的比例尺。选用菜单插入—比例尺文本，出现比例尺文本选择器对话框，其中有多种类型的比例文字，选择 Absolute Scale 形式的比例文字，按确定键确认。可以看到，地图布局中自动出现文字比例尺"1∶5，000，000"，并将文字大小改为 15，由于之前在"数据框属性/数据框/范围"中选择了固定比例尺（数值为 1∶5000000），因此，文字比例尺自动和地图数据框架的比例设置保持一致。用光标选中文字比例尺，将其移动到合适的位置，如图 7.65 所示。

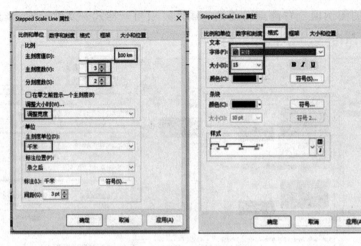

图 7.64　比例尺属性修改

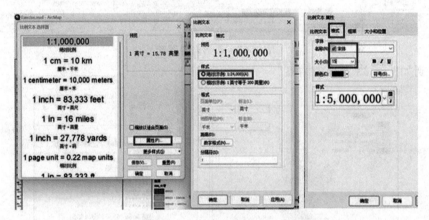

图 7.65　比例尺属性修改

得到如图 7.66 所示的结果。

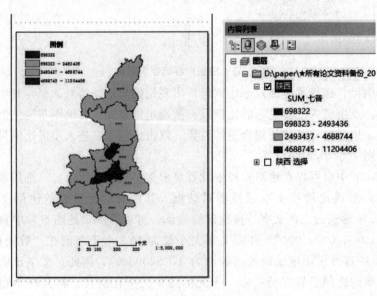

图 7.66　比例尺属性修改效果

添加指北针：选用菜单—插入—指北针，出现指北针选择器对话框，其中有多种类型的指北针，选择"ESRI 指北针 3"形式的指北针，按"确定键"确认。在地图布局上出现指北针。用光标选中指北针，将其移动到合适的位置。

双击指北针，进入指北针属性对话框。在对话框中选择"指北针"，进行精确设置。在对话框中的"大小"标签中将大小改为 100，如图 7.67 所示。

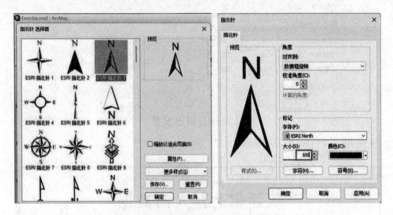

图 7.67 指北针添加及属性修改

添加标题和说明文字：选用菜单—插入—标题，地图布局上出现一个文本框，直接用键盘输入标题文字"陕西省七普人口数据"。双击标题，出现标题属性对话框。

可以在文本栏内直接修改文字内容。点击改变符号，可在大小选项内选择 24，在下面的滚动框内选择字体"黑体"，按"确定"键退出文字属性对话框，会看到标题。设置过程如图 7.68 所示。

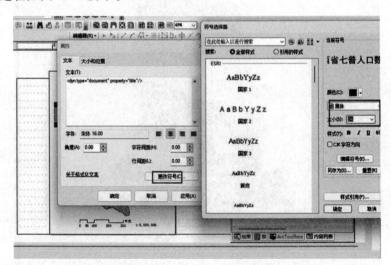

图 7.68 标题添加及属性修改

至此，这部分的地图编制工作完成。

打印或输出图像文件。打印："选用菜单：文件/打印"，在弹出的对话框中选择打印选项，就可将制作完毕的地图布局输出到打印机。导出："选用菜单：文件/导出地图"，在弹出的对话框中选择"文件格式"，指定文件文件名，就可以将制作完毕的地图布局转换成通用的图像格式。在对话框中的"保存文件类型"中选择"JPEG

（*.jpg）"，文件格式就定为 jpg 格式。在"文件名"中输入相应文件名，点击选项键，进行分辨率设置，如图 7.69 所示。

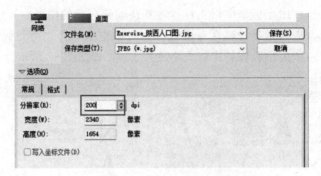

图 7.69 输出设置

导出地图成果，如图 7.70 所示。

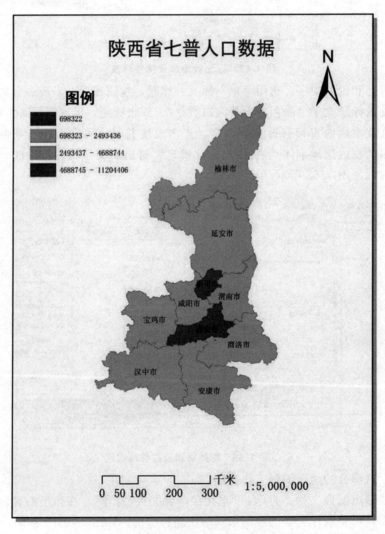

图 7.70 陕西省七普人口数据

本章小结

数据可视化在当今社会的意义日益凸显。随着数字化程度不断加深，数据已经成为构建现代社会的核心要素。对于企业和组织来说，数据已经从边缘转变为核心，成为战略资源。数据可视化是进一步挖掘数据潜力、充分发挥数据价值的重要途径之一。而数据可视化在 GIS 中同样扮演着重要的角色。

本章介绍了地图数据符号化的方法。点、线、面三种地图要素可以采用单一符号、分类符号、分级色彩、分级符号、比率符号、点值法、统计符号、组合符号等多种方式实现数据的可视化表达。每种方法都有其特定的应用场景和优势，如单一符号用于显示地理位置分布；分类符号适用于土地利用、行政区划等地图，表现类别差异；分级色彩和分级符号则直观反映定量差别，常用于人口密度、粮食产量等面状要素的分布图；比率符号依据数值大小调整符号尺寸；点值法通过点密度反映区域要素密集程度；统计符号如饼状图、柱状图和累积柱状图用于表现多属性特征或变化趋势；而组合符号能同时展示多个相关属性。栅格数据也有相应的分类栅格符号和分级栅格符号设置方法，用以表达连续性或分级性的栅格数据信息。

此外，本章还探讨了专题地图的制作与分类。专题地图是突出显示某一主题相关要素的地图，具有翔实呈现特定内容、广泛多样且能反映动态变化的特点。专题地图由数学要素（如坐标网、比例尺和定向）、专题要素（根据主题选择显示的内容）及地理底图要素（提供地理背景）组成。专题地图按内容性质，可细分为自然地图、人文地图和其他专题地图；按数据特征，可分为定性数据地图和定量数据（包括分级数据）地图；按内容概括程度，可分为解析型图、合成型图和综合型图；按用途，则分为通用地图和专用地图，如教育、军事和工程技术用图等。

专题数据地图作为 GIS 中的重要工具，将特定主题相关的数据以图表形式展现出来，如柱状图、折线图、饼图、散点图等，并通过 GIS 技术和空间分析功能，揭示地理要素的空间分布、属性关系等复杂信息，为决策支持、科学研究和社会应用提供了直观、有效的数据洞察手段。

第七章学习内容思维导图

思考题

1. 试比较单一符号、分类符号、分级符号三种数据地图符号化方法的异同点，并举例说明它们各自适用的场景和数据类型。

2. 在制作分级色彩专题地图时，制图要素数值的分类和色彩方案的选择是两大重要问题，请讨论它们的基本原则和注意事项。

3. 统计符号在专题地图中应用广泛。请归纳饼状图、柱状图、累积柱状图的特点和用途，并思考如何选择合适的统计图类型来表达制图要素的多项属性。

4. 专题地图的构成包括数学要素、专题要素和地理底图要素三个核心部分。请分析它们各自的作用以及在专题地图设计中需要考虑的主要因素。

5. 专题地图可以从内容、数据特征、概括程度、用途等多个角度进行分类。请对比不同分类方法的依据和意义，并思考它们对专题地图设计和使用的指导作用。

6. 基于 GIS 制作专题数据图的一般步骤是什么？以坡度分析图或土地利用分类图为例，讨论 GIS 技术在专题地图制作中的优势和应用前景。

第八章

GIS 在城市大数据分析中的应用案例

在公共管理过程中,随着城市规模的不断扩大、社会经济活动的日益频繁以及信息技术的快速发展,产生了海量多维度的数据信息。这些数据涵盖了城市管理的各个方面,如人口流动、基础设施建设、公共服务设施布局、环境监测、交通流量分析、应急响应效率、能源消耗分布、社区规划与服务等。城市管理大数据不仅反映了城市的实时运行状态和历史演变过程,还蕴含推动城市可持续发展、优化资源配置、提升治理效能的巨大潜力。

GIS 作为处理空间数据和进行地理数据分析的核心技术工具,在应对城市管理大数据挑战中发挥着至关重要的作用。GIS 能够将非空间数据与地理位置信息相结合,通过可视化、模拟仿真、空间分析等功能,实现对大数据的深度挖掘和智慧应用。本章通过三个具体案例介绍 GIS 在城市管理大数据中的应用。

■ 第一节 基于土地利用数据的城市扩张模式识别及汇总统计

■ 一、城市扩张模式定义

城市形态是指城市外部实体环境和内部各类活动的空间组织,从城市外部形态维度来看,城市扩张直接导致城市轮廓范围动态演变。城市以建设用地斑块为基本单元自下而上发生不同方向、速度和强度的扩张,形成了不同的扩张模式。因此城市扩张模式是对城市外部形态动态演化中景观格局特征的归纳与概括,是深刻理解建设用地扩张过程的有力手段。

为定量捕捉城市扩张过程的特征,国内外研究者基于空间度量、信息论与分形几何等方法开发了系列景观指数,但只能描述单个时点城市扩张静态格局,如数量、密度、形状、大小与连接性等,难以反映城市扩张模式的动态特征。为弥补这一缺陷,近年来不少学者基于新旧建设用地斑块间的空间邻接关系或公共边界缓冲区共享率，开发了动态的景观扩展指数捕捉城市土地利用格局的时空变化过程，如景观扩张指数、多阶景观扩张指数和邻近度扩张指数等，并将城市扩张模式概括为填充增长、边缘扩展和飞地三种类型，而其他扩张模式可视为它们的变体或混合物。不同城市扩张模式的主要特征与表现形式如表 8.1 所示。

表 8.1 不同城市扩张模式的主要特征与表现形式

类型	定义	主要特征	表现形式
填充增长	城市区域包围的非建筑区域被转换为城市土地	高密度、混合土地利用、连通性强；属于城市内部相对紧凑的发展形式	城市更新和再开发项目与城中村庄改造和重建
边缘扩展	现有城市斑块边缘向外延伸的城市新开发区域	最常见的增长类型，其优势度会随着城市发展不断降低	表现为侵占城市周边的耕地、绿地和未利用地
飞地	新生斑块出现在远离或与现有城市土地不直接相连新兴地区	斑块数量增加，形态多呈现不规则、不连续的特点，整体格局较为破碎	高新区、工业园区和大学城建设

二、数据源与案例区

本案例中应用的是源自 Landsat 的中国年度土地覆盖数据集 CLDC，由武汉大学研究团队制作（http：//doi.org/10.5281/zenodo.4417809）。该数据集包含了 2010 年和 2020 年的建设用地数据，具有 30 米的空间分辨率，并将数据划分为农用地、林地、灌木、草地、水域、冰雪、裸地、湿地以及不透水面等九类。在生成 CLDC 土地覆盖数据的过程中，采用了超过 33 万幅 Google Earth Engine 陆地卫星图像，同时整合了中国土地利用/覆盖数据（CLUD）的稳定样本和卫星时间序列数据。此外，还运用了 Google Earth 和 Google Map 的可视化解释样本以及收集训练样本。这些样本随后被输入随机森林分类算法中，以获得土地覆盖的分类结果。为了提升数据的准确性和时空一致性，引入了一种结合时空滤波和逻辑推理的后处理方法。

案例研究范围涵盖了中国的 36 个城市，包括 4 个直辖市，26 个省会城市以及 6 个副省级城市。

三、分析方法

根据边界共享率的不同，可将新增斑块的扩张模式定义为填充式、边缘式和飞地式。景观扩张指数是由刘小平等（2010）利用 GIS 空间分析功能中的缓冲区分析来定义和计算的。通过计算新增斑块缓冲区与原有城区相交面积来判断新增斑块的离散程度,指数值越大就表示这一扩张斑块与原有城市间的位置关系越紧凑,具有比较直观的空间含义,能很好地解释城市土地扩张的时空格局演变,具体公式定义如下:

$$LEI = \frac{A_o}{A_o + A_v} \times 100 \tag{8.1}$$

其中,LEI 为新增斑块的扩张指数,A_o 表示新增斑块缓冲区与原有斑块的相交面积,A_v 为新增斑块的缓冲区与除原有斑块之外其他区域的相交面积。LEI 的数值区间为 [0, 100],当 LEI=0 时,新增斑块则为飞地式扩张;当 0<LEI≤50 时,则为边缘式扩张;当 50<LEI≤100 时,则为填充式扩张(图 8.1),边缘式和飞地式扩张体现的是城市的"扩散"过程,通常会带来更加离散的城市形态,而填充式扩张则会减少城市内部空隙带来更加紧凑的城市形态。

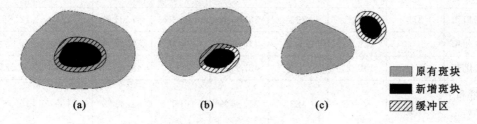

图 8.1 斑块扩张模式示意图
(a) 填充式;(b) 边缘式;(c) 飞地式

ArcGIS 实现 LEI 计算的步骤:

(1) 使用空间擦除工具(Erase),利用 2010 年建设用地矢量图斑擦除 2020 年建设用地矢量图斑,得到 2010—2020 年新增建设用地矢量图斑层(NewPL),并给该图层添加新字段 PatchID,用于指定每个斑块编号。

(2) 使用缓冲区工具(Buffer),生成 NewPL 的缓冲区,缓冲区大小通常设置为 1 米,得到缓冲区矢量图层(BL),并给该图层添加新字段 BufferArea,用于计算每个斑块缓冲区的面积。

(3) 使用空间相交工具(Intersect),对 BL 与 2010 年建设用地矢量图斑叠置相交,对相交后的图层(IL)新增字段 Area,并利用 Calculate Geometry 工具计算 IL 中每个图斑的面积。

(4) 使用汇总统计工具(Summary Statistics),对 IL 中的 Area 按照 PatchID 字段进行求和统计,得到每个新增斑块缓冲区与原有 2010 年建设用地矢量图斑相交的面积汇总统计表,将此表与 BL 图层按照 PatchID 字段进行连接后,使用汇总表中面积/BufferArea 即可得到 LEI 值。

四、统计结果

借助 LEI 识别本研究中的 36 个城市 2010—2020 年新增建设斑块的扩张模式,并进行汇总统计(表 8.2)。

表 8.2　36 个城市 2010—2020 年新增建设用地各类型斑块数量及占比

城市	新增斑块个数（块）	新增面积（km²）	填充式		边缘式		飞地式	
			个数（块）	占比	个数（块）	占比	个数（块）	占比
北京市	4009	193.06	1983	49.46%	1791	44.67%	235	5.86%
成都市	6306	385.21	2252	35.71%	2907	46.10%	1147	18.19%
大连市	1230	88.04	565	45.93%	613	49.84%	52	4.23%
福州市	2584	128.00	857	33.17%	1428	55.26%	299	11.57%
广州市	4118	125.32	1783	43.30%	2036	49.44%	299	7.26%
贵阳市	2165	70.27	265	12.24%	1267	58.52%	633	29.24%
哈尔滨市	1714	131.22	659	38.45%	940	54.84%	115	6.71%
海口市	873	31.21	339	38.83%	413	47.31%	121	13.86%
杭州市	5203	223.92	2180	41.90%	2626	50.47%	397	7.63%
合肥市	2700	190.27	1178	43.63%	1319	48.85%	203	7.52%
呼和浩特市	1292	86.62	463	35.84%	690	53.41%	139	10.76%
济南市	2659	163.11	1184	44.53%	1329	49.98%	146	5.49%
昆明市	2937	53.22	749	25.50%	1637	55.74%	551	18.76%
兰州市	461	7.84	123	26.68%	244	52.93%	94	20.39%
南昌市	1713	128.73	662	38.65%	880	51.37%	171	9.98%
南京市	3475	183.79	1489	42.85%	1703	49.01%	283	8.14%
南宁市	2149	108.28	589	27.41%	1174	54.63%	386	17.96%
宁波市	4965	190.03	2106	42.42%	2556	51.48%	303	6.10%
青岛市	3511	227.55	1875	53.40%	1432	40.79%	204	5.81%
厦门市	1438	47.25	533	37.07%	748	52.02%	157	10.92%
上海市	4830	185.17	2211	45.78%	2329	48.22%	290	6.00%
深圳市	1471	45.71	847	57.58%	561	38.14%	63	4.28%
沈阳市	1641	166.79	810	49.36%	716	43.63%	115	7.01%
石家庄市	4008	212.78	1344	33.53%	2362	58.93%	302	7.53%
苏州市	7505	355.35	3708	49.41%	3423	45.61%	374	4.98%
太原市	889	70.34	426	47.92%	413	46.46%	50	5.62%
天津市	2979	344.08	1642	55.12%	1222	41.02%	115	3.86%
乌鲁木齐市	737	29.99	331	44.91%	315	42.74%	91	12.35%

续表

城市	新增斑块个数（块）	新增面积（km²）	填充式		边缘式		飞地式	
			个数（块）	占比	个数（块）	占比	个数（块）	占比
武汉市	3081	220.46	1313	42.62%	1440	46.74%	328	10.65%
西安市	3774	207.06	1499	39.72%	1975	52.33%	300	7.95%
西宁市	11	0.05	4	36.36%	4	36.36%	3	27.27%
银川市	1065	53.45	279	26.20%	596	55.96%	190	17.84%
长春市	1679	166.26	734	43.72%	800	47.65%	145	8.64%
长沙市	3456	171.97	1024	29.63%	1805	52.23%	627	18.14%
郑州市	4053	420.56	1756	43.33%	2018	49.79%	279	6.88%
重庆市	8145	581.12	1923	23.61%	4365	53.59%	1857	22.80%
总计	104826	5994.07	41685	39.77%	52077	49.68%	11064	10.55%

注：表中数据计算为约数，故累计占比约为100%。

从各扩张模式占比来看，单个城市中填充式扩张斑块占比较大的3个城市分别是深圳市、天津市、青岛市，填充式斑块占总扩张斑块数量的50%以上；北京市、苏州市、沈阳市的填充式扩张斑块占比也较大，分别为49.46%、49.41%、49.36%，表明这些城市扩张为填充式主导型。边缘式扩张斑块占比较大的5个城市分别是石家庄市、贵阳市、银川市、昆明市、福州市，占比均大于55%。属于边缘式主导型扩张的城市有27个。在本研究区域内，没有以飞地式为主导型扩张的城市，飞地式斑块占比较大的5个城市分别是贵阳市、西宁市、重庆市、兰州市、昆明市，分别占29.24%、27.27%、22.80%、20.39%、18.76%，占比较小的5个城市分别是济南市、苏州市、深圳市、大连市、天津市，分别占5.49%、4.98%、4.28%、4.23%、3.86%，整体占比较小。

从数量上看，2010—2020年，36个城市新增建设用地斑块总量为104826块，其中边缘式扩张数量最多，为52077，占总量的49.68%；填充式斑块数量次之，为41685，占总量的39.77%；飞地式斑块数量最少，为11064，占总量的10.55%。

第二节 基于LandScan侦测中国建设用地的收缩格局

一、城市收缩定义

对于城市收缩的定义，目前学界仍未达成一致，总体上收缩城市的定义主要涉及三个方面：人口、经济、时间。其中，基于人口的定义是最初也是最鲜明的判断依据；但考虑到收缩现象的多样化，逐渐融入了经济衰退等概念；而为了明确变化范围和变化程度,加入了5年、40年等时间的限制。非标准化定义导致对收缩城市的界定存在不同的标准。大部分学者以单一的人口变化为识别标准,如有学者利用中国第五和第六次人口普查两个时期之间的人口变化作为识别城市收缩的标准。有学者将一段时期内人口年均增长率出现负值的城镇认定为城市收缩。但中国常住人口流失并不能完全等同于城镇发展水平下降。

在此案例中,我们对"城市收缩"这一现象进行了明确和细致的界定,它是指一种在建设用地上人口密度持续性下降的现象。该定义限定了收缩发生的空间范围,特指建设用地,而非整个行政区域。这样的界定有助于更精确地捕捉城市发展中与建设活动直接相关的人口动态,避免了因为考虑过大地理范围而可能产生的数据噪声和理解混淆。该定义还强调了人口密度下降必须是持续性的趋势,而非偶然或短期波动,从而避免了由某些突发事件(如公共卫生、自然灾害)造成的临时性人口密度下降而被误读为城市收缩的情况。通过关注长期和持续的人口密度变化,能更准确地识别出那些真正反映城市结构性问题的收缩现象。

二、数据源与处理方法

本案例使用的主要数据源为LandScan,该数据在第四章中已经详细介绍,在此不再赘述。具体操作如下:① 在ArcGIS软件里,从LandScan提取中国2000—2015年各年的1千米人口格网数据,将16个图层叠加后形成一个新图层,因此该图层的每个1千米栅格上都将有16个值,分别代表2000—2015年的当年人口密度。② 将该新图层与2000—2015年间中国所有城市的建设用地斑块图层进行矢栅叠加,得到所有城市建设用地图斑上历年平均人口密度。③ 计算每个斑块上16个人口密度值的变化趋势,得到该斑块在研究期间的人口密度变化斜率(k)。并以此作为判断一个斑块是否收缩的依据,即当某个斑块的人口密度变化在2000—2015年呈下降趋势(斜率k小于0),且研究末期减研究首期(2000—2015年)的亮度也小于0时,将该斑块识别为收缩。④ 依据收缩斑块面积占城市总建设用地面积的比例得到该城市的收缩占比,最终识别出城市的收缩程度。

一般而言,每个城市的政府驻地都位于其中心城区,故本案例继续通过计算收缩斑块距政府驻地的距离来判断收缩类型为中心收缩还是边缘收缩。具体操作如下:在ArcGIS里计算每个城市内的所有斑块距其政府驻地的平均距离,设为D1,计算收缩斑块距其政府驻地的平均距离,设为D2,用D2除以D1,消除不同城市地域面积差异后,依据自然断点法将结果分为边缘收缩和中心收缩。

三、收缩城市空间分布与特征分析

1. 收缩城市总体分布特征

根据收缩斑块占各城市斑块总数的比例得到收缩城市识别结果(见表8.3),在2000—2015年,中国的366个城市里有80%的城市存在不同程度的收缩。只有20%的城市为非收缩状态。其中低度收缩和中度收缩占比较大,各占32%;高度收缩的城市数量最少,只有58个城市。由此可见,城市收缩在中国已经成为普遍性现象,但收缩程度总体较为轻微。

表8.3　2000—2015年中国城市收缩识别及分类结果

收缩斑块占比	收缩程度	城市数量	占比(%)
0.000000～0.156522	非收缩	75	20
0.156523～0.287671	低度收缩	116	32
0.287672～0.418831	中度收缩	117	32
0.418832～0.803419	高度收缩	58	16
	总计	366	100

从空间分布来看,收缩占比值大致由西向东增加,由南向北增加(见表8.4)。非收缩城市主要集中在西藏、青海两省份。主要原因可能是其自然环境受限,经济发展水平提升缓慢,对外吸引力不佳;而居住在该区域的人口以少数民族为主,他们习惯了当地生活方式,向外流动率较低;同时,少数民族的生育欲望强于汉族,导致该区域人口变化较为稳定。收缩城市中,中国南北方城市收缩程度差异较大,表现为秦岭—淮河以南的城市以低度收缩为主,秦岭—淮河以北的城市以中度收缩为主,且在东北地区出现了高度收缩城市连片式集聚的现象。

将收缩结果进一步按照经济区划分,可以看出,东北地区的36个城市里有35个城市发生收缩,低度收缩城市仅有6个,占东北地区17%,中度收缩城市和高度收缩城市占了东北地区的81%。东部地区收缩程度分布较为均匀,有22%的城市没有发生收缩,61%的城市发生了低度(27%)、中度(34%)收缩,其中北京的收缩占比高于南京、厦门等;17%的城市为重度收缩,其中天津的收缩程度达到了44%。西部地区是所有地区中非收缩城市占比最大的地区(30%),低度、中度收缩城市占59%,高度收缩城市仅占11%。中部地区的非收缩城市仅占10%,低于全国平均非收缩城市的比例(20%),而其低度、中度收缩城市占了主要比例,为79%,表明中部地区城市人口流失较为普遍,少部分城市(11%)已经发展为高度收缩,人口流失严重。总的来看,西部地区收缩程度最小,中度、高度收缩主要发生在东北地区和中部地区,其中东北地区有将近一半的城市(42%)发生了高度收缩。

表8.4　2000—2015年中国各区域收缩城市数量

经济区划分	收缩程度	城市数量	占比(%)	代表城市(收缩占比,%)
东北地区	非收缩城市	1	3	大兴安岭地区(12)
	低度收缩城市	6	17	大连市(26),大庆市(24)
	中度收缩城市	14	39	哈尔滨市(33),长春市(34)
	高度收缩城市	15	42	鸡西市(46),吉林市(50)
	总计	36	100	

续表

经济区划分	收缩程度	城市数量	占比（%）	代表城市（收缩占比,%）
东部地区	非收缩城市	23	22	厦门市（7），南京市（13）
	低度收缩城市	28	27	北京市（25），金华市（20）
	中度收缩城市	35	34	莆田市（32），汕头市（35）
	高度收缩城市	18	17	徐州市（43），天津市（44）
	总计	104	100	
西部地区	非收缩城市	42	30	柳州市（15），丽江市（13）
	低度收缩城市	51	37	遵义市（20），银川市（18）
	中度收缩城市	31	22	嘉峪关市（35），西安市（36）
	高度收缩城市	15	11	兰州市（43），攀枝花市（48）
	总计	139	100	
中部地区	非收缩城市	9	10	郑州市（14），怀化市（14）
	低度收缩城市	31	36	合肥市（17），武汉市（26）
	中度收缩城市	37	43	洛阳市（36），景德镇市（30）
	高度收缩城市	10	11	芜湖市（61），漯河市（52）
	总计	87	100	

2. 收缩城市区域分布特征

东北三省中，收缩程度由南向北减弱。吉林、辽宁两省没有非收缩城市，辽宁的收缩程度最为严重，除了副省级城市大连为低收缩，丹东、盘锦、营口 3 个城市为中度收缩（31%），其余 10 个城市均为重度收缩（71%），包括沈阳、铁岭、鞍山等。吉林以中度收缩为主（56%），高度收缩次之（33%）。黑龙江的低度（31%）和中度（46%）收缩城市占主要比例，重度收缩城市占比最小（15%），并出现了唯一一个非收缩城市大兴安岭。

东部地区同样呈现出由北向南减弱趋势，京津冀城市群收缩较为严重。河北省作为京津冀城市群成员，发生收缩的城市占比达到 100%，中高度收缩达到 82%。京津冀地区工矿业城市衰落导致部分城区和矿区人口减少是京津冀城市群人口衰减的原因之一（吴康等，2015）。山东除了其省会城市济南为低度收缩，其余城市有 56% 为中度收缩，包括烟台、威海和青岛；38% 为高度收缩，包括菏泽、潍坊。从空间分布来看，山东的高度收缩城市集中在北部，即靠近京津冀地区的城市。位于长三角城市群北部的江苏，省内的苏北、苏中地区与苏南地区的收缩程度存在明显差距。江苏 13 个地级市中，收缩城市主要集中于苏中和苏北地区，其中苏北的 5 个城市均出现了高度收缩，苏中的三个城市出现 2 个高度收缩，1 个中度收缩。苏南只有 1 个城市为低度收缩（镇江），其余 4 个城市（苏锡常地区和省会南京）为非收缩城市。这可能是因为受吸附效应影响，江苏的人口在加速向南京和苏锡常这两个经济较发达的都市圈集聚。浙江省内南北收缩差异较大，可能因为在长三角一体化过程中，上海龙头作用越来越强，其功能主要外溢到浙北地区，使浙江北部、杭州湾沿海成为人口流入区域。福建只有厦门未发生收缩，其余包括福州、泉州在内的3个城市为轻度收缩，宁德、莆田等5个城市为中度收缩。原因可能是福建的工业、制造业分布高度集中在福建东南沿海的"厦漳泉"和福州两大区域，导致这几个城市收缩程度较小。珠三角城市群所在的广东的人口收缩与增长同样出现较大内部差异，表现为珠三角地区出现稳健的人口增长，而中低度收缩的城市主要集中在粤东、粤西等出生率较高的城市。主要原因可能是珠三角本身人口基数大，生育率偏高，加上其发展机会多、营商成本低，吸附效应较强，资金、技术、人才等各种要素都往珠三角集中，在吸引了大量的省外人口流入的同时，也吸引了省内粤东西北的人口，该区域在未来可能出现强劲的人口增长。

中部地区的收缩分布出现北强南弱的格局。位于黄河中游城市群的山西、河南两省经济主要依托资源密集型工业，随着资源枯竭和产业结构转型，其部分城市出现收缩，但收缩程度略有差异。山西以中低度收缩为主，河南收缩程度整体较为严重，除了济源和郑州为非收缩城市外，其余16个城市存在不同程度的收缩（占比89%），中度和高度收缩分别占了33%和39%。长江中游城市群的三省表现出南北向收缩差异。湖北除了十堰和神农架为非收缩地区，其余城市存在不同程度的收缩，中度收缩城市占比53%，呈现出连片、块状分布的特征。而湖南和江西以低度收缩为主，未出现高度收缩城市。长江中游城市群收缩差异体现出城市群发展不均衡的问题，该区域的生产要素向武汉等核心城市流入，产生了中心集聚效应，而武汉以外的地级市则在中心集聚效应的影响下出现了人口持续流失、经济社会发展断层等现象。

西部地区整体来说收缩程度轻微，位于中国第一阶梯的区域有相当数量的非收缩城市存在。第二阶梯区域主要以低度收缩为主，在新疆、甘肃和内蒙古三省份北部出现中高度收缩集聚现象。西部地区因地理位置而不具备人口吸纳能力。

对各城市收缩占比值进行空间自相关分析，发现其Moran's I为0.3471，Z值为13.6534，在0.01置信水平上通过了显著性检验，表明中国366个地级市的收缩程度的空间分布存在显著正相关性。局部空间自相关的分析结果表明，2000—2015年中国366个地级市的收缩程度的空间分布出现显著的集聚特征。城市收缩在东北和京津冀地区形成了高高集聚现象。主要原因是东北地区人口结构老化、经济发展乏力、体制机制僵化、地理环境和气候的局限性及规划倾向等。而京津冀城市群的高高集聚现象原因可能是特大城市以产业结构调整为背景，其中心城区受到去工业化和郊区化影响，已不是人口和就业扩张的热点区。

中国西部和西南部出现低低集聚，表示该区域城市收缩斑块占比较小，收缩现象不明显，周围城市也没有明显收缩。原因可能是这些区域自然环境多山地，经济发展水平一般，导致城市吸引力不大，同时人口外流缓慢，造成人口收缩不显著。

第三节 基于多源大数据的飞地式扩张区域城市功能发育水平评价

一、案例研究问题

城市扩张是一个复杂的过程,其中包括了两个主要的力量:"扩散"与"聚合"。这两个过程对城市形态的形成和演变起着决定性的作用。其中"扩散"是城市扩张中的一种现象,它描述的是新的城市斑块或区域主要在已有的建成区周边出现,并与主城区呈现一种相离的状态。这种扩散方式往往被认为是导致城市空间形态无序、蔓延的主要原因。飞地增长是这种"扩散"的一个典型例子。飞地,顾名思义,是与主城区有一定距离的新增城市区域,它们之间可能存在交通、经济或社会联系,但在地理位置上是分离的。

为了深入研究这种扩散现象及其影响,本案例选择了一定时期内新增的飞地斑块作为研究对象。借助多源大数据的支持,我们可以对这些斑块进行详尽的分析。特别是,我们可以评估 2005—2015 年中国 275 个地级市及以上城市的新增飞地斑块的城市功能发育水平(UDL)。UDL 是一个综合指标,可以反映一个区域在城市功能、基础设施、社会服务等方面的成熟度和完善度。

通过评估这些飞地斑块的 UDL 水平,我们希望回答以下几个关键问题:首先,中国城市新增的飞地斑块的 UDL 水平如何?这可以帮助我们了解这些新区域的城市功能是否已经成熟,或者它们是否还在发育阶段。其次,我们如何在斑块尺度上准确识别哪些是属于城市蔓延,哪些是合理的城市增长?这对于城市规划和政策制定至关重要,因为它可以帮助决策者更好地引导和管理城市扩张,避免无序蔓延带来的问题,如交通拥堵、环境污染等。

二、数据源

本案例中使用的数据主要包括 2005 年和 2015 年两期的全国土地覆盖数据以及 2015 年采集的地理大数据,前者主要用于提取建设用地识别每个城市的新增飞地斑块,后者包括全国范围内的 POI 数据、LBS 数据以及 LandScan 数据等,用来测度每个飞地斑块的 UDL。

1. 城市用地

本研究中使用的 2005 年、2015 年全国城市用地来源于中科院地理所制作的中国 1∶10 万比例尺土地利用覆盖数据库 NLUD-C,其空间分辨率为 30 米。数据是以各期 Landsat TM/ETM 遥感影像为主要数据源,通过人工目视解译生成的。土地利用类型包括耕地、林地、草地、水域、居民地和未利用土地 6 个一级类型以及 25 个二级类型。NLUD-C 是目前可公开获取的精度最高的土地利用遥感监测数据产品,已经在国家土地资源调查、水文、生态研究中发挥着重要作用。Lai 等(2016)通过全国范围的样本抽取验证，证实 NLUD-C 分类精度达到了 90% 以上，因而可以认为分类数据准确可信。

2. 城市大数据

城市大数据是与空间位置和时间相关的地理要素的数据，反映了地理世界的空间结构和空间关系。城市作为一个地理空间，时时刻刻产生大量的数据，为观察城市个体行为，如人类活动提供可能，而人类行为数据反过来也可以推测其运行背后的地理环境特征。本研究中使用的大数据包括覆盖整个中国境内的 POI、LBS 以及 LandScan 人口空间分布数据，用于评价新增飞地扩张斑块的 UDL。

（1）POI 数据。POI 数据是一种代表真实地理实体的点状数据，包含经纬度、地址等空间信息和名称、类别等属性信息。本研究中使用的 POI 数据来源于百度地图开放接口技术（http://map.baidu.com/），使用 JavaScript 脚本语言抓取，抓取时间为 2016 年 1 月，并按照百度内部 POI 类型标准进行分类采集（http://lbsyun.baidu.com/index.php?title=lbscloud/poitags），共采集了包括房地产、购物、交通设施、教育设施、金融、酒店、旅游景点、生活服务、休闲娱乐、医疗、美食、公司企业共 12 大类超过 2300 万条数据。POI 最重要的属性是它的位置，图 8.2 是武汉市部分 POI 空间位置分布示意图。为了验证 POI 定位的准确性，作者利用武汉市自然资源局提供的基础地理信息数据，从这些数据中随机选取 1000 个具有类型属性的点，并与本研究使用的 POI 进行比较，发现大多数样本（97.22%）的误差在 10 米以内，说明本研究使用的 POI 定位精度是准确可接受的。

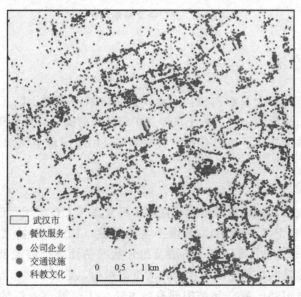

图 8.2　武汉市部分 POI 空间位置分布示意图

（2）LBS 数据。LBS 数据是利用带有 GPS 的智能终端记录某一时刻所处位置而产生的具有空间性、时间性和社会化属性信息的数据，它记录生活轨迹，反映了人的日常生活行为，是一种重要的地理数据。学者称这类数据为"志愿地理信息"（GoodChild，2007）。文本中 LBS 数据来源于新浪微博提供的数据开放接口，使用

Python 语言获取。共包括 880 多万条，每条信息包含了签到地点的位置信息以及签到的数量，其时间范围为 2015 年 6—12 月。

（3）LandScan 数据。LandScan 数据是目前市场上可用的最高精确度的人口空间分布数据，其空间分辨率为 1 千米，它打破了传统基于行政区的人口统计，直接展现了人口的空间分布状态。本研究截取了 2015 年覆盖中国境内的 LandScan 数据，LandScan 显示的局部地区人口密度如图 8.3 所示。

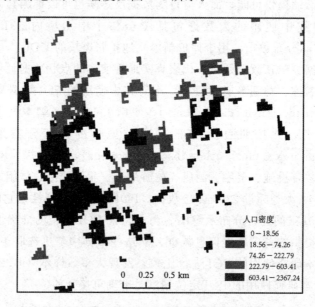

图 8.3　人口密度局部示意图

三、研究方法

此部分研究涉及三个核心内容：飞地式扩张区域的提取、UDL（城市功能发育水平）评价和城市蔓延的识别。对于飞地式扩张区域的提取，可参照本章第一节第三点内容，该部分详细描述了如何有效地从城市建设用地图斑中识别和提取飞地斑块，因此不再赘述。

1. UDL 评价

参考既往研究以及结合数据可获取性，本研究选择人口密度（PD）、土地利用混合度（MIX）、POI 密度（POID）和微博签到密度（LID）评估飞地式扩张斑块的 UDL。人口在地理空间中的分布、集散及组合状况是社会经济现象的综合反映，城市人口空间分布是反映城市空间结构演化的重要指标，是反映城市经济与社会的核心特征，也是捕捉城市和区域空间结构的有效方法。了解城市人口的空间分布和流动性，具有重要的现实意义。成熟的城市区域一般意味着人口的集聚，因而可以用来判断新建设用地是有活力的还是萧条的。土地使用混合水平影响到城市居民的旅游需求，包括上班、娱乐、购物等活动的需要。合适的土地混合使用有利于土地集约使用、产业升级转型、提高基础设施利用效率。城市研究学者将提高土地功能混合作为实现城市活力的重要措施。POI 的密度反映了城市基础设施的丰盈程度，城市基础设施是为顺利进行各项经济活动和其他社会活动而建设的各类城市生存和发展所必须具备的工程性基础设施和社会性基础设施。作为城市政治、经济、文化活动中所产生的物质流、人口流、交通流、信息流的庞大载体，城市基础设施已成为当今城市赖以生存和发展的重要基础条件。而 POI 作为基础设施在空间地图上的抽象，其密度大小反映了城市整体基础设施的发展水平。签到数量反映了空间特定位置的"热度"，反映了局部空间吸引人口关注的程度。它直观地反映人与城市空间的互动，为监测城市的商业活跃度、空间分布及发展趋势提供了参考，是度量城市活力的新兴手段。上述 4 个指标的计算公式见式（8.2）～式（8.5）。

$$\mathrm{PD} = \frac{\sum_{i=1}^{m} \left(\frac{A_i}{A_0}\right) \cdot P_i}{S} \tag{8.2}$$

$$\mathrm{MIX} = -\sum_{n=1}^{h} (r_n \cdot \ln r_n) \tag{8.3}$$

$$\mathrm{POID} = \frac{N_{\mathrm{poi}}}{S} \tag{8.4}$$

$$\mathrm{LID} = \frac{N_{\mathrm{tag}}}{S} \tag{8.5}$$

其中，S 表示该斑块的面积，m 表示斑块覆盖的 LandScan 栅格数量，A_i 表示与第 i 个栅格相交的面积，A_0 表示每个栅格的面积（$A_0 = 1\mathrm{km}^2$），P_i 是第 i 个相交栅格的人口数量。A_i/A_0 体现了按照面积占比原则分配人口数量；r_n 表示第 n 个 POI 类型的数量占比，h 表示 POI 类型总数量（$h=12$）；N_{poi} 表示斑块内 POI 的总数量，N_{tag} 表示斑块内签到总数量。

为了消除量纲的影响，对 PD、MIX、POID 和 LID 按照最大最小值标准化到 [0，100]，按照式（8.6）评价每个斑块的城市功能发展水平，避免武断或者主观设置每个维度的权重。

$$\mathrm{UDL} = \mathrm{PD} \cdot \mathrm{MIX} \cdot \mathrm{POID} \cdot \mathrm{LID} \tag{8.6}$$

其中，UDL 表示飞地斑块的城市功能发展水平评价值。继续对每个城市所有新增飞地斑块的 UDL 按照面积加权求和，即可得到城市整体飞地式扩张的综合 UDL。

$$\mathrm{GF} = \sum_{i=1}^{N} \mathrm{UDL}_i \cdot \frac{a_i}{A} \tag{8.7}$$

其中，GF 是城市整体飞地扩张区域 UDL 值，UDL_i、a_i 分别表示第 i 个新增飞地城市斑块的 UDL、面积，A 表示所有城市新增飞地斑块面积的总和，N 表示新增飞地斑块的数量。GF 可以从整体景观角度来描述城市飞地的发展水平，其值越大，表明飞地扩张的城市发育程度越大。

2. 城市蔓延的识别

中国城市化常被学者描述为"土地城市化"而非"人口城市化"，表现为城市人口增长率低于城市面积扩张增长率，导致新区人口不足、街道冷清、房屋大量空置等城市景象，符合城市蔓延的外在表现。为了定量衡量飞地式扩张斑块是合理城市增长还是城市蔓延，我们定义了以下规则：

如果 $\dfrac{UDL_{o\_patch\_k\_city\_i}}{UDL_{original\_city\_i}} \leqslant \sum\limits_{i}^{m} \dfrac{UDL_{o\_city\_i}}{m \cdot UDL_{original\_city\_i}}$，那么界定为城市蔓延；

如果 $\dfrac{UDL_{o\_patch\_k\_city\_i}}{UDL_{original\_city\_i}} > \sum\limits_{i}^{m} \dfrac{UDL_{o\_city\_i}}{m \cdot UDL_{original\_city\_i}}$，那么界定为城市合理增长。

其中，$UDL_{o\_patch\_k\_city\_i}$ 是第 i 个城市中第 k 个飞地斑块的 UDL 值，$UDL_{original\_city\_i}$ 表示第 i 个城市原有城市用地的 UDL（与飞地斑块 UDL 计算方法相同），$UDL_{o\_city\_i}$ 表示所有城市整体飞地斑块 GF 的平均值，m 表示城市数量。该指标涉及两个信息维度：① 飞地斑块 UDL 与单一城市内原有城市用地的 UDL 进行比较；② 与其他城市的 UDL 进行比较。显然，一个更小的 $\dfrac{UDL_{o\_patch\_k\_city\_i}}{UDL_{original\_city\_i}}$ 值，表示飞地斑块 UDL 与原有城市用地 UDL 差距较大，属于蔓延的可能性更大。同样地，我们也可以对斑块 UDL 进行面积加权求和，判断整个城市是否属于城市蔓延。

四、结果与分析

2005—2015 年，总共有 275 个城市识别出新增飞地式扩张斑块，有 9135 个，占新增建设用地总斑块数量的 7.26%，面积占比为 22.71%。斑块平均面积为 0.818km²。中国东部沿海部分区域的飞地式扩张识别结果见二维码。在 275 个城市中，飞地面积占比最大的城市为拉萨，达到 78.92%。在飞地扩张侵占的土地类型中，来自耕地和林地的转换是最主要飞地用地来源，分别占 69.36% 和 20.15%。

中国东部沿海部分区域 2005—2015 年新增飞地式用地空间分布

1. 主要城市

对评价结果值按照从大到小排序，分别选取值较大的 10 座城市以及值较小的 10 座城市作为对比（见表 8.5）。我们发现，在高值组中，除了宝鸡、张家界和恩施属于内陆城市外，其他 7 座都位于中国东南部。上述 3 个城市并不是发达城市，飞地建设用地发展水平高有其特殊性。由于这些城市都位于地形复杂的山地，海拔高，不便于人类社会生产活动的开展，加之原有的建设用地面积本身就很少，陡峭的地形自然阻隔了城市连续增长，形成分散的城市结构，因此它们的新增飞地本质上属于原有建设用地的延续，只是地形阻隔形成形式上的飞地特征。其余 7 座城市，如广州、上海、杭州等国家级中心城市，其发达的经济确保了足够的财政资源来开发飞地。其中，东莞、惠州、佛山是珠三角地区重要工业城市，工业园区经济发达，且多为飞地式开发区；杭州和绍兴毗邻上海，经济发达，飞地开发水平较高。低值组城市在空间分布上都是中国欠发达地区的城市，特别地，除了安阳（中部地区）和松原（东北地区）外，其他 8 座都位于西部。这些低值 UDL 城市大致可以分为三组：① 第一组城市包括安阳、松原、嘉峪关、安庆和迪庆，其飞地扩张在城市新增用地中所占比例极小（小于 5%），使得飞地地区的发展水平受到狭小空间的限制；② 第二组城市是巴中和崇左，其 2018 年人均 GDP 分别只有全国平均水平的 30.22% 和 75.49%，可以投资于飞地地区发展的资源（如基础设施建设资金）十分有限；③ 第三组城市是乌兰浩特、海拉尔和包头，它们多属于典型的规划超前或者不当，是地方政府急功近利的"扩城规划"。地方政府片面地认为经济发展等同于城市扩张的思想，开发了大量飞地式新城，但是这些新城区建成以后面临新建飞地开发区居民入住过少、基础设施服务水平匮乏、产业单一等问题，造成空间上建设布局出现无序乃至失控，同时浪费了大量宝贵的城市周边的土地资源，给城市生态安全造成威胁。如果任由其无序蔓延，未来城市形态可能更加分散，不利于城市的可持续发展。

表 8.5 飞地式扩张区域 UDL 值较大以及较小的 10 座城市

较高 UDL 值 10 城	UDL 值	较小 UDL 值 10 城	UDL 值
宝鸡	1.58×10^6	嘉峪关	5.37×10^{-4}
东莞	1.40×10^6	安庆	0.13
广州	1.27×10^6	海拉尔	0.351
张家界	1.10×10^6	乌兰浩特	0.52
恩施	8.00×10^5	安阳	0.54
安康	5.55×10^5	松原	0.95
上海	4.44×10^5	巴中	1.03
惠州	4.41×10^5	崇左	1.24
绍兴	4.14×10^5	包头	1.33
佛山	3.41×10^5	迪庆	1.58

为了进一步分析不同等级城市飞地扩张用地的 UDL 水平，我们制作了一线至五线城市的平均 UDL 分布箱图，如图 8.4 所示。从图 8.4 中可以看出，城市等级越高，

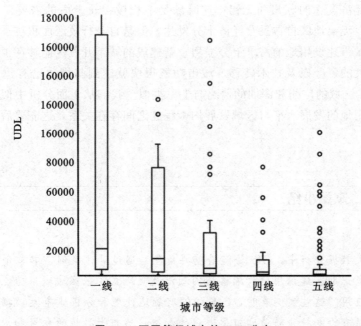

图 8.4 不同等级城市的 UDL 分布

飞地扩张用地的平均 UDL 越大。我们推测，这是因为城市等级越高，则土地价格更高，相较于低等级城市，开发商希望在高等级城市发展更多的商业区、住宅区和工厂，使城市活力得以快速激活。此外，高等级城市往往具有较高的城市功能集聚度和较强的空间辐射能力，即使飞地斑块与原有城市用地相距一定距离，也极易受到原有城区城市功能辐射影响。

2. 主要区域

我们将分析从城市尺度继续扩大到区域尺度，通过 Anselin（1995）定义的局部莫兰指数识别了评价值在空间上的高-高（HH）聚类以及低-低（LL）聚类分布。我们总共侦测到了三个聚类区域，其中两个为 HH 聚类，一个为 LL 聚类。有意思的是，三个区域的主要部分就是中国三个著名的城市群，即以上海为中心的长三角城市群（YRDUA），以广州、深圳为核心的珠三角城市群（PRDUA），以及以北京、天津为核心的京津冀城市群（BTHUA）。YRDUA 以及 PRDUA 是 UDL 高值型城市主要聚集区，BTHUA 则是 UDL 低值型城市主要聚集区。其中 PRDUA 的平均得分最高，达到 2.19×10^5；YRDUA 的平均得分次之，为 9.23×10^4；而 BTHUA 的平均得分只有 2.49×10^3，显著低于全部样本平均值 2.11×10^4。BTHUA 与另外两大城市群的差别在于内部发展水平差异十分明显，北京、天津两座超级城市周边聚集了许多贫困区域，经济发展十分滞后，土地利用效率较低。借助于京津冀一体化以及通州副中心和雄安新区的规划，环北京天津楼市房价一路水涨船高，当地开发商和外来大型房企争相开发，在开发规模上动辄百万平方米居住社区，多数都是超级大盘，潜在供应量巨大，短时间内难以达到很高的入住率，住房闲置率很高；且部分新区承接的转移产业结构单一，城市功能不够完善。而 YRDUA 以及 PRDUA 则不存在这样的情形，内部发展均衡，发展程度普遍都很高。以上海为例，上海新增的飞地首选的区位即是周边经济发达的苏州和无锡，这既满足了积极接轨上海的需要，又降低了成本。而苏州、无锡地区自古民营经济十分发达，但是自身行政区面积狭小，因而经济的发展对于城市建设用地的需求十分强烈，新建成的城市开发区能够在很短的时间内承接内部巨大的资金以及技术转移，城市功能很快就达到与周边已有建成区同步水平。PRDUA 区域的广州和深圳的情况与上海类似。我们从上面分析中似乎发现，飞地式新建设用地的发展水平与区域发展均衡程度之间存在关系，这需要后续研究来进一步验证。

本章小结

在城市大数据分析中，GIS 扮演着重要角色。通过具体案例，本章介绍了 GIS 在城市扩张模式识别、建设用地收缩格局侦测以及飞地式扩张区域城市功能发育水平评价等方面的应用。这些案例表明，GIS 能够有效地处理和分析城市大数据，为城市规划和决策提供有力支持。随着城市化进程的加速，城市大数据的积累和应用成了城市发展的重要驱动力。而 GIS 作为城市大数据的重要处理工具，其应用范围和深度也在不断拓展。通过 GIS 的应用，我们可以更好地理解城市扩张模式、建设用地收缩格局以及飞地式扩张区域城市功能发育水平等问题，为城市的可持续发展提供科学依据。未来，随着技术的进步和数据的积累，GIS 在城市大数据分析中的应用将更加广泛和深入。它不仅可以用于分析和处理传统的地理数据，还可以与各种新型数据源进行整合，如社交媒体、移动设备数据等。这都将为我们提供更加全面和准确的数据支持，进一步推动城市的可持续发展。

第九章

总结与展望

GIS 在公共管理领域，特别是在城市大数据分析中所扮演的角色日益凸显。随着全球城市化进程的加速和信息技术革命的到来，城市的脉络逐渐由海量且多样的数据编织而成。这些数据涵盖了人口迁移、交通流量动态、环境质量变化以及基础设施建设布局等多元信息，它们犹如一座座蕴含丰富矿藏的矿山，深藏着城市运行机制的核心规律与未来发展态势。

GIS 技术以其独特的数据整合和空间分析优势，对这些繁杂的城市大数据进行深度挖掘和解读。作为一种综合的地图制作工具、数据库管理系统以及空间数据分析平台，GIS 能够将各类地理相关数据进行高效集成，实现从微观到宏观层面的深入解析，并通过直观易懂的可视化手段展现出来。这为城市决策者提供了一幅详尽而精确的城市地理画卷，使他们能够全面掌握城市特征、深刻理解空间分布规律及发现不同地理要素间的相互作用关系。尤为重要的是，GIS 的空间分析能力使得决策者能够在政策规划阶段即能模拟预见可能产生的地理效应，如土地利用变化、交通拥堵缓解效果、环保政策实施后的空气质量改善程度等，从而显著提高决策的科学性和准确性，减少不必要的资源浪费和社会成本。

针对公共管理专业学生的教育需求，本教材充分考虑到了文科生的知识结构和接受方式，强调以生动的实例和真实的案例贯穿教学全过程，避免过度理论化的讲述，确保概念讲解易于理解、贴近实际。教材内容紧密贴合公共管理学科特点，不仅教授如何运用 GIS 收集、整理并分析城市大数据，还通过具体操作步骤展示如何将其转化为解决诸如城市扩展模式识别、收缩格局侦测等问题的有效工具。同时，本教材注重语言表达的通俗性，尽量避免使用过于专业的术语，旨在降低学习门槛，鼓励学生主动探索 GIS 在公共管理实践中的应用潜力。

考虑到整个教材的学习计划仅设置了 32 个课时，并且主要针对的是文科背景下的公共事业管理专业学生群体，故而教材内容编排着重于奠定基础的概念和基本操作技能的教学。尽管如此，GIS 的实际内涵和技术潜力远大于目前教材所涵盖的范畴，特别是对于诸如 AI、物联网及 5G 等前沿技术如何与 GIS 相结合，在城市大数据分析领域中的深度应用并未详尽展开。然而，这些新兴技术与大数据、GIS 的集成应用恰恰构成了当今行业的主流发展趋势，并昭示着一个未来景象：随着大数据技术和云计算的持续创新和发展，GIS 在城市大数据分析上的应用将突破现有的框架，向更多元化、更深层次化的方向延展。

首先，在数据融合方面，GIS 将进一步整合来自社交媒体、物联网传感器等新兴数据源的信息，这些实时监测数据涵盖了人们的行为模式、环境状态、基础设施运行状况等多个层面，使得城市地理信息的维度得以显著拓展和丰富。通过深度挖掘这些非传统空间数据与地理空间信息之间的内在联系，GIS 将为城市管理提供前所未有的全面性、实时性和精细化数据支持，这对于提升城市治理效能、优化资源配置、及时应对突发事件等方面具有重大意义。例如，通过集成社交媒体平台上的用户活动数据，GIS 可以揭示人口流动的热点区域和规律，从而指导公共交通线路调整或商业设施布局优化；同时，物联网传感器所收集的城市环境参数（如空气质量、噪声污染、交通流量等）能够实时反馈至 GIS 系统中，帮助管理部门实时监控并预测可能存在的问题，提前采取措施改善城市环境质量，提高市民生活品质。

其次，智能化将成为 GIS 发展的重要趋势和必然方向。机器学习算法与人工智能技术的深度融合，将极大地增强 GIS 对复杂地理现象的理解能力和对未来发展趋势的精准预测能力。基于海量历史数据训练出的智能模型，GIS 系统可以自主识别并解析各类空间关系模式，发现隐藏在庞杂数据背后的深层次规律，进而为城市决策者制定策略提供科学依据和有力支撑。比如，通过 AI 驱动的空间模拟技术，决策者可直观预览城市规划方案实施后的潜在影响，包括城市扩张对生态系统的影响、新建交通项目对周边地区发展的推动作用以及土地利用变化对环境和社会经济产生的综合效应等，从而使政策制定更为精确、灵活且具有预见性。

再次，5G 网络和边缘计算的快速普及，将推动 GIS 系统向着更加分布式和实时化的方向发展。未来的 GIS 将借助云计算和边缘节点的强大算力，实现海量数据的高效传输和实时处理，为远程监测、移动决策等提供技术支撑。与此同时，虚拟现实（VR）和可视化技术的进步也将赋予 GIS 全新的展示和交互方式，城市管理者和公众能够身临其境地观察和体验数据背后的真实场景，如此直观生动的视觉呈现将极大提升决策的透明度和公信力。

最后，开源 GIS 平台和社区正在兴起，这意味着 GIS 技术的发展将更加开放、共享，突破了传统专有软件的封闭局限，为更广泛的创新应用奠定基础。我们可以预见，在不远的将来，普通民众甚至是年轻一代都能够亲自参与到 GIS 应用的开发和创作中来，通过社区合作的方式释放 GIS 技术在城市治理领域的无穷潜能。在大数据时代的强大驱动下，GIS 技术必将在城市大数据分析中发挥越来越重要的作用，成为城市科学治理的重要支撑力量。我们有理由相信，GIS 将随着新技术的融合而不断演进，在提升城市治理效能、完善决策科学性、促进公众参与等方面做出卓越贡献，为构建智慧城市奠定坚实的技术基础。

综上所述，在城市大数据分析与公共管理的实际运作中，GIS 的作用愈发突出，已然成为推动城市可持续发展的关键支撑。通过优化公共服务设施布局、改善城市环境质量、指导科学合理的城市规划战略，GIS 在不断提升城市管理效率和改善市民生活质量方面发挥了无可替代的作用。随着 GIS 教育体系的普及和完善，更多的公共管理专业人才将熟练掌握这一核心技术，将其转化为解决现实问题的具体行动力，共同驱动我国乃至全球城市化进程向更高水平的智慧化、人性化和可持续方向迈进。

参考文献

［1］郭仁忠，林浩嘉，贺彪，等. 面向智慧城市的 GIS 框架［J］. 武汉大学学报（信息科学版），2020（12）：1829-1835.

［2］胡语宸，刘艳军，孙宏日. 城市增长与收缩的演变过程及其影响因素——以黑龙江省煤炭资源型城市为例［J］. 地理科学，2020（9）：1450-1459.

［3］金浩然. 大数据在城市政策管理研究中的应用［J］. 城市管理与科技，2017（6）：32-34.

［4］李清泉，李德仁. 大数据 GIS［J］. 武汉大学学报（信息科学版），2014（6）：641-644，666.

［5］龙瀛，吴康，王江浩，等. 大模型：城市和区域研究的新范式［J］. 城市规划学刊，2014（6）：52-60.

［6］龙瀛. 城市大数据与定量城市研究［J］. 上海城市规划，2014（5）：13-15，71.

［7］牛强. 城市规划大数据的空间化及利用之道［J］. 上海城市规划，2014（5）：35-38.

［8］宋刚，张楠，朱慧. 城市管理复杂性与基于大数据的应对策略研究［J］. 城市发展研究，2014（8）：95-102.

［9］宋小冬，丁亮，钮心毅. "大数据"对城市规划的影响：观察与展望［J］. 城市规划，2015（4）：15-18.

［10］孙轩，孙涛. 基于大数据的城市可视化治理：辅助决策模型与应用［J］. 公共管理学报，2018（2）：120-129.

［11］薛冰，赵冰玉，肖骁，等. 基于 POI 大数据的资源型城市功能区识别方法与实证——以辽宁省本溪市为例［J］. 人文地理，2020（4）：81-90.

［12］叶宇，魏宗财，王海军. 大数据时代的城市规划响应［J］. 规划师，2014（8）：5-11.

［13］余柏蒗，王丛笑，宫文康，等. 夜间灯光遥感与城市问题研究：数据、方法、应用和展望［J］. 遥感学报，2021（1）：342-364.

[14] 张帅, 王成新, 王敬, 等. 中国城市收缩的综合测度及其时空分异特征研究 [J]. 中国人口·资源与环境, 2020 (8): 72-82.

[15] 甄峰, 秦萧, 王波. 大数据时代的人文地理研究与应用实践 [J]. 人文地理, 2014 (3): 1-6.

[16] Elwood S, Goodchild M F, Sui D Z. Researching Volunteered Geographic Information: Spatial Data, Geographic Research, and New Social Practice [J]. Annals of the Association of American Geographers, 2012, 102 (3): 571-590.

[17] Getis A, Ord J K. The Analysis of Spatial Association by Use of Distance Statistics [J]. Geographical Analysis, 1992, 24 (3): 189-206.

[18] Goodchild M F. Geographical Information Science [J]. International Journal of Geographical Information Systems, 1992, 6 (1): 31-45.

[19] Goodchild M F. Citizens as Sensors: The World of Volunteered Geography [J]. GeoJournal, 2007, 69 (4): 211-221.

[20] Jiang B. Geospatial Analysis Requires a Different Way of Thinking: The Problem of Spatial Heterogeneity [J]. GeoJournal, 2015, 80 (1): 1-13.

[21] Kitchin R. The Real-Time City? Big Data and Smart Urbanism [J]. GeoJournal, 2014, 79 (1): 1-14.

[22] Kwan M P. Interactive Geovisualization of Activity-Travel Patterns Using Three-Dimensional Geographical Information Systems: A Methodological Exploration with a Large Data Set [J]. Transportation Research Part C: Emerging Technologies, 2000, 8 (1-6): 185-203.

[23] Li S N, Dragicevic S, Castro F A, et al. Geospatial Big Data Handling Theory and Methods: A Review and Research Challenges [J]. ISPRS Journal of Photogrammetry and Remote Sensing, 2016, 115: 119-133.

[24] O'Sullivan D. Geographically Weighted Regression: The Analysis of Spatially Varying Relationships [J]. Geographical Analysis, 2003, 35 (3): 272-275.

[25] Ratti C, Frenchman D, Pulselli R M, et al. Mobile Landscapes: Using Location Data from Cell Phones for Urban Analysis [J]. Environment and Planning B: Planning and Design, 2006, 33 (5): 727-748.

与本书配套的二维码资源使用说明

  本书部分课程及与纸质教材配套数字资源以二维码链接的形式呈现。利用手机微信扫码，成功后提示微信登录，授权后进入注册页面，填写注册信息。按照提示输入手机号码，点击获取手机验证码，稍等片刻收到4位数验证码的短信，在提示位置输入验证码，成功后再设置密码，选择相应的专业，点击"立即注册"，则注册成功（若手机已经注册，则在"注册"页面底部选择"已有账号？立即注册"，进入"账号绑定"页面，直接输入手机号和密码后登录）。接着提示输入学习码，须刮开教材封面防伪涂层，输入13位数字的学习码（正版图书拥有的一次性使用学习码），输入正确后提示绑定成功，即可查看二维码数字资源。手机第一次登录查看资源成功以后，再次使用二维码资源时，在微信端扫码即可登录进入查看（如申请二维码资源遇到问题，可联系宋焱：15827068411）。